初中语文优质教学设计：新标准·新教材·新教法丛书

统编初中语文教科书优质教学设计

总主编◎邓彤　李冲锋
本册主编◎胡文耕　潘文冬

（七年级下册）

华东师范大学出版社
·上海·

图书在版编目(CIP)数据

统编初中语文教科书优质教学设计.七年级 下册/邓彤,李冲锋总主编;胡文耕,潘文冬本册主编.—上海:华东师范大学出版社,2022

(初中语文优质教学设计:新标准·新教材·新教法丛书)
ISBN 978-7-5760-2854-6

Ⅰ.①统… Ⅱ.①邓…②李…③胡…④潘… Ⅲ.①中学语文课—教学设计—初中 Ⅳ.①G633.302

中国版本图书馆CIP数据核字(2022)第134152号

统编初中语文教科书优质教学设计(七年级下册)

总 主 编	邓 彤 李冲锋
本册主编	胡文耕 潘文冬
策划组稿	赵建军
责任编辑	范耀华
责任校对	潘 宁 时东明
装帧设计	俞 越

出版发行 华东师范大学出版社
社　　址 上海市中山北路3663号 邮编 200062
网　　址 www.ecnupress.com.cn
电　　话 021-60821666 行政传真 021-62572105
客服电话 021-62865537 门市(邮购)电话 021-62869887
地　　址 上海市中山北路3663号华东师范大学校内先锋路口
网　　店 http://hdsdcbs.tmall.com

印 刷 者 江苏扬中印刷有限公司
开　　本 787×1092 16开
印　　张 15.5
字　　数 264千字
版　　次 2022年9月第1版
印　　次 2022年9月第1次
书　　号 ISBN 978-7-5760-2854-6
定　　价 49.00元

出 版 人 王 焰

(如发现本版图书有印订质量问题,请寄回本社客服中心调换或电话021-62865537联系)

初中语文优质教学设计：
新标准·新教材·新教法丛书
编委会

总主编 邓 彤 李冲锋

编委会主任 王希文

编　委 （以音序排名）

蔡忠平　苍　郁　陈　丹　陈　莉　陈澈雯　程　盼
程思怡　褚　磊　丁　颖　段乐春　顾婷婷　郭荷苗
胡文耕　黄明晶　蒋玉坤　雷旭莉　李　杨　李天娇
李莹莹　李张勇　梁　颖　林　超　刘东贺　潘文冬
桑凤英　沙健芳　施　丹　王　洪　王婷婷　王伟华
吴群英　武罗欣　奚赛娟　徐　慧　杨膳荫　杨晓丽
杨亦文　张　莹　张雪欢　周　冰　周　燕

本册主编 胡文耕　潘文冬

编写人员 第一单元　胡文耕　潘文冬
　　　　　　第二单元　胡文耕
　　　　　　第三单元　潘文冬　李张勇
　　　　　　第四单元　施　丹
　　　　　　第五单元　郭荷苗
　　　　　　第六单元　林　超
　　　　　　学习任务群　段乐春　吴亚玲

编者的话

现行义务教育教科书《语文》(七至九年级)是以义务教育课程方案和《义务教育语文课程标准(2011年版)》为依据编写的。2022年4月,《义务教育语文课程标准(2022年版)》颁布,新版课程标准对语文课程与教学提出了新标准、新要求。在此背景下,为帮助广大语文教师更好地使用这套语文统编教材,我们编写了这套语文教学参考书。

这是一套怎样的教学参考书呢?

它简明,具有纲目明晰之特征。它不贪多求全,没有连篇累牍的文章分析,没有堆积如山的资料汇编,更没有浩如烟海的习题测试。它提纲挈领、简明扼要地为教师把握一篇课文或一个单元的教学提供基本框架。它凸显教学核心任务,聚焦关键知识和基本素养,设计精当的学习活动。它以平等姿态与一线教师对话交流,旨在成为教师教学的友善型"辅助支架",而极力避免异化为耳提面命式的"教学律令"。

它好用,具有模块式自由组合之特征。教案中若干板块相互关联,却又各自独立,如同七巧板,教师可以依据自己的需要,选择其中若干模块,或重组,或拼接,或嵌入自己的教学设计,从而创设出具有自身特色的教学方案。一方面,它能够为教师提供一种新的思路,一种不一样的设计风格;另一方面,它具有柔性特征,能如水随形,便于教师吸纳、转化。它既能够为教师提供一个不错的教学样例,又充分尊重教师教学的现实需求与个性特征。

它好玩,具有快乐学习特征。语文课堂应该是"生动"的。这个"生动",有两层含义:一是指气氛活跃,一是指"学生参与"。理想的语文课堂不应该死气沉沉、面目可憎;学生学习语文也不应该愁眉苦脸、痛苦不堪。理想的语文教学设计,应该依据文本特征,贴近学生生活,运用学生喜闻乐见的方式,精心设计系列学习活动,使得语文教学妙趣横生,使得语文学习不再是一件苦差事。如此,语文课堂才能成为学生学习的乐园,学生才能够优游其中,含英咀华,流连忘返。

编写中我们遵循了以下三大编写原则。

1. 体现统编教材特色

编写中充分注意核心价值观在教学中的有机渗透,发挥语文学科教育在立德树人方面的重要作用;在设计中充分体现单元人文主题和语文要素的有机结合。

2. 关注语文深度学习

语文是一门实践类学科,语文深度学习必须高度重视转化学习内容与学习方式,帮助学生体验、经历知识的发现与建构过程,使学生真正成为语文学习主体。

3. 便于一线教师使用

理想的教学参考书籍,既要站位高,也要接地气。本丛书一方面基于新课程、新教材开展设计,一方面充分考虑到一线教师的实际需求,在总体框架、文本解读、学习活动设计等一线教师普遍觉得棘手之处着力较多,希望能够为教师教学提供有益的支援。

在上述原则指导下,在具体编写过程中,我们进一步凸显了本书的五大特点。

1. 注重单元设计

本书凸显统编教材单元整体感强之特征,立足于教材单元基本目标,围绕单元教学核心内容设计系列学习环节,注重单篇课文与单元其他文章的一体化设计,注重阅读活动与写作活动的有机融合。

2. 明确学习要素

为超越语文教学"暗中摸索"的经验性层级,本书明确引入"语文学习要素"概念,旨在以明确的语文核心知识引领师生开展语文教与学活动,使得语文教与学不断趋向"明里探求"层次。

3. 关注文本细读

语文学习核心素养之核心是"语言积累与建构",文本细读在语文教学中永远具有压舱石的重要作用。本丛书高度关注对文章重点语段、语句的精细化深度解读,这使得本丛书因此具有较为浓郁的"语文味"。

4. 设计模块化活动

注重活动与探究,是新版语文课程标准与统编语文教材的基本的核心理念与基本内容。本丛书为落实这一精神,致力于学习活动设计研究,开发设计了大量鲜活生动、具有浓郁语文味道的学习活动。这些活动如斑斓彩贝,闪烁于丛书各单元,或星星点点,或交织成文,共同构成一个生意盎然的语文学习生态场。这些活动,聚焦核心素养,内嵌关键知识,贴近学生生活,有利于促进学生开展研究性学习、多维表征学习。同时,本丛书设计的学习活动,形成相对独立的活动模块,以便教师依据实际需要对这些活动自由组合调配。

5. 凸显学习任务群

新颁布的《义务教育语文课程标准(2022年版)》提出以学习任务群组织、呈现课程内容。这对语文课程建设、教材编写与教学实施都提出了全新的要求。语文学习任务群是素养导向的语文实践活动,其实质是特定情境下的语言文字运用。语文学习任务群的提出,对语文教学方式与学习方式提出了崭新的要求,引起了广大一线教师的高度关注。

为此,本丛书编者依据新课标精神,整合统编教材内容,结合七至九年级语文学习实际,专门安排"学习任务群"板块,精心设计了系列学习任务群。这些任务群围绕新课标所确定的基础、发展、拓展三大类型,涵盖了语言文字积累与梳理、实用性阅读与交流、文学阅读与创意表达、思辨性阅读与表达、整本书阅读、跨学科学习等六大领域。具体安排如下:

【七年级上册】

1. 语言文字积累与梳理:有朋自远方来——"朋"字学习任务群设计

2. 文学阅读与创意表达:梦想与现实交织的生存悲歌——《骆驼祥子》课本剧创作与展演任务群设计

【七年级下册】

1. 跨学科学习:多学科碰撞出"大航海+故事"——《海底两万里》学习任务群

设计

 2. 文学阅读与创意表达：体验奋斗历程·讴歌奋斗精神——"奋斗"主题微电影拍摄与展播任务群设计

【八年级上册】

 1. 整本书阅读：红色经典与精神赓续——《红星照耀中国》学习任务群设计

 2. 实用性阅读与交流：昆虫世界探秘——《昆虫记》学习任务群设计

【八年级下册】

 1. 跨学科学习：古诗词游园会——《惠崇春江晚景》学习任务群设计

 2. 整本书阅读：峥嵘岁月与英雄品质——《钢铁是怎样炼成的》学习任务群设计

【九年级上册】

 1. 思辨性阅读与表达：实用类非连续性文本的阅读——侧重信息甄选与逻辑理解的思辨性读写任务群设计

 2. 文学阅读与创意表达：英雄传奇：精准人设打造与再造表现——《水浒传》学习任务群设计

【九年级下册】

 1. 整本书阅读：独立女性的赞歌——《简·爱》学习任务群设计

 2. 实用性阅读与交流："文化"的天平　思维的博弈——"文化传承与文化创新哪个更重要"主题辩论赛学习任务群设计

上述学习任务群在"文化自信、语言运用、思维能力与审美创造"等语文核心素养目标指导下，采用主题情境方式呈现，以学习任务统整语文学习全程，注重语文核心知识的实践运用与结构化掌握，希望能够为一线教师的教学提供有效的帮助。

本套丛书以全国著名特级教师邓彤主持的上海市语文名师基地成员为主要编写者，又邀请一些名校、名师参与其中，组成了一个阵容强大的编写团队。全国语文核心期刊《中学语文教学》杂志副主编王希文女士作为本团队学术导师，领衔担任丛书编委会主任,为丛书编撰提供学术指导,在此一并致谢。

经过一年多的努力,全体编写者多次研讨,反复打磨,几易其稿,终于完成了这套教学设计参考书。希望本丛书的出版,能够帮助广大一线教师更深入领会新课程理念,更好地使用统编教材,更有效地培育学生的语文素养。当然,虽然本丛书全体编者尽心尽力,由于水平与条件所限,本丛书一定还有诸多待完善之处,在此恳请方家不吝指教。

总主编:邓彤 李冲锋

2022 年 6 月

目录

| 第一单元 |

1　邓稼先 …………………………………………… 3
2　说和做
　　——记闻一多先生言行片段 ………………… 9
3*　回忆鲁迅先生（节选）………………………… 16
4　孙权劝学 ………………………………………… 21
写作　写出人物的精神 …………………………… 27
单元练习 …………………………………………… 29

| 第二单元 |

5　黄河颂 …………………………………………… 34
6　老山界 …………………………………………… 39
7　谁是最可爱的人 ………………………………… 47
8*　土地的誓言 ……………………………………… 55
9　木兰诗 …………………………………………… 59
写作　学习抒情 …………………………………… 66
综合性学习
　　天下国家 ……………………………………… 69
单元练习 …………………………………………… 73

| 第三单元 |

10　阿长与《山海经》……………………………… 81

目录

11　老王 …………………………………………… 87

12* 台阶 …………………………………………… 94

13　卖油翁 ………………………………………… 98

写作　抓住细节 …………………………………… 102

名著导读

　　《骆驼祥子》圈点与批注 ……………………… 105

单元练习 …………………………………………… 108

第四单元

14　叶圣陶先生二三事 …………………………… 113

15　驿路梨花 ……………………………………… 121

16* 最苦与最乐 …………………………………… 128

17　短文两篇 ……………………………………… 134

写作　怎样选材 …………………………………… 147

综合性学习

　　孝亲敬老，从我做起 …………………………… 151

单元练习 …………………………………………… 154

第五单元

18　紫藤萝瀑布 …………………………………… 160

19* 一棵小桃树 …………………………………… 166

20* 外国诗二首 ··· 169
21 古代诗歌五首 ··· 173
写作　文从字顺 ··· 180
单元练习 ··· 183

第六单元

22 伟大的悲剧 ·· 187
23 太空一日 ·· 191
24* 带上她的眼睛 ·· 195
25 活板 ··· 199
写作　语言简明 ··· 203
名著导读
　　《海底两万里》快速阅读 ························· 206
单元练习 ··· 209

学习任务群设计

跨学科学习：多学科碰撞出"大航海＋故事"
　　——《海底两万里》学习任务群设计 ········· 211
文学阅读与创意表达：体验奋斗历程·讴歌奋斗精神
　　——"奋斗"主题微电影拍摄与展播任务群设计 ············· 223

注：阅读课文分"教读"和"自读"两类。篇名前标有＊的为自读课文。

第一单元

单元教学目标

1. 学习精读的方法，能在通览全篇、了解大意的基础上，把握关键语句或段落，揣摩品味其含义和表达的妙处。

2. 能结合人物生平及其所处时代，透过细节描写把握人物特征，理解人物的思想感情。

3. 把握课文的思想内涵，感受历史人物的非凡气质，唤起对理想的憧憬与追求。

单元内容框架

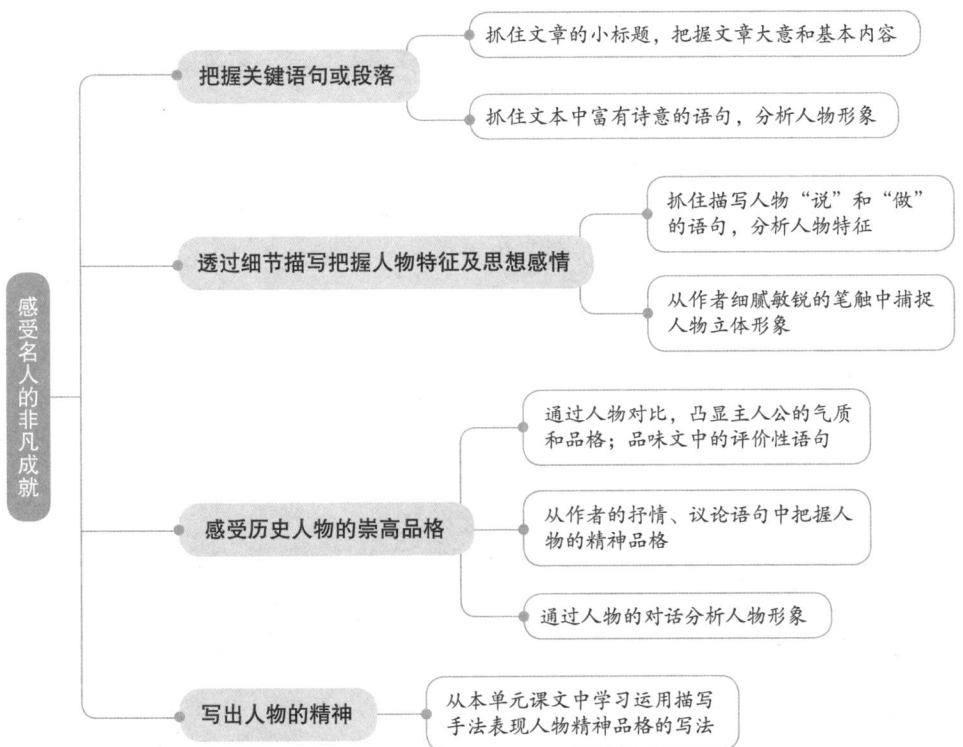

单元设计说明

本单元选取的课文主要是历史名人的故事，《邓稼先》记叙了卓越的爱国科学家、"两弹元勋"邓稼先为"中国人民站起来了"所作出的杰出贡献。《说和做——记闻一多先生言行片段》记叙了爱国诗人、民主斗士闻一多的热血事迹。《回忆鲁迅先生（节选）》则记叙了伟大的革命文学家鲁迅先生日常生活的细节。《孙权劝学》记载了孙权劝勉吕蒙学习的故事。对于初中阶段的学生来说，了解这些杰出人物的经历、认识他们所作的贡献、感受他们的崇高品格、学习他们良好的习惯和治学方法是非常有益的。这些文章人文内涵丰富，各有侧重地写出了名人的品格、气质与胸襟，在篇章结构、语言形式等方面，也都各具特色，值得细细揣摩。

本单元主要学习精读的方法，在教学时既要通盘考虑，又要各有侧重。学习任务之一是要把握关键语句或段落，揣摩品味其含义和表达的妙处。可重点结合《邓稼先》和《说和做——记闻一多先生言行片段》两篇文章，指导学生抓住文章的小标题、富有诗意的语句等，品析其含义和妙处。学习任务之二是结合人物生平及其所处时代，透过细节描写把握人物特征，理解人物的思想感情。这项任务在每篇课文的学习中都需加以落实，重点可结合《说和做——记闻一多先生言行片段》和《回忆鲁迅先生（节选）》两篇课文落实。学习任务之三是把握课文的思想内涵，感受人物的非凡气质。这一任务同样在每篇课文学习中都需要落实，教学时重点在三篇教读课文中落实。最后是以读导写，落实写作任务。要将从本单元课文中学习到的人物描写手法运用到写作实践中。

此外，《孙权劝学》是一篇文言文，还需注重文言实词教学的落实，并指导学生理解文中语气词和称谓语的含义。

1 邓稼先

杨振宁

一、教学目标与学习要素

（一）教学目标

1. 能通过文章的小标题,把握文章大意和基本内容,理清文章的思路结构。
2. 能通过关键语句或段落的分析,揣摩品味其含义和表达的妙处。
3. 把握课文的思想内涵,感受邓稼先的非凡气质和崇高品格。

（二）学习要素

1. 借助小标题把握文章大意和基本内容,理清文章思路结构。
2. 通过关键语句或段落的品读把握人物形象。
3. 从对比手法的分析中把握主人公的气质和品格。

二、文本解读

（一）课文整体解析

本文是杨振宁为好友邓稼先写的一篇人物传记。传记,也称传,是一种常见的文学体裁。传记主要记述人物的生平事迹,通常根据各种书面的、口述的回忆、调查等相关材料,加以选择性的编排、描写与说明而成。传记和历史关系密切,某些写作年代久远的传记常被人们当史料看待。本文不同于一般的人物传记,更不同于一般写人的散文,而是兼有人物传记与写人散文的双重特征。作者是邓稼先的同窗好友,对他的生平经历非常清楚,因此可以将本文看作是邓稼先的一个小传记;同时,作者写这篇文章时又饱含着深情,字里行间流露着对亡友的思念之情。文章的形式是"散"的,它没有对邓稼先的事迹作系统的介绍,而且还插入了古文、诗歌、电报等内容;但文章的主题是集中的：中华民族优秀传统文化孕育了邓稼先这样的杰出人物,而邓稼先又通过自己的杰出贡献,使得中华民族能自立于世界民族之林。

本单元的人文主题是"杰出人物",知识主题则是"精读"。"单元导语"指出,本单元主要学习"精读的方法",即"要在通览全篇、了解大意的基础上,把握关键语句或段落,字斟句酌,揣摩品味其含义和表达的妙处"。可见,精读的目标是要从内容层面上把握词句表达的含义、从言语形式层面上把握词句表达的"妙处"。

(二) 重点语段细读

1. 对这一转变做出了巨大贡献的,有一位长期以来鲜为人知的科学家——邓稼先。

既然是"做出了巨大贡献",为何又"鲜为人知",而且是"长期以来鲜为人知"?如何解释这一矛盾?要解决这个问题,就有必要补充一定的资料,让学生了解邓稼先的生平经历。结合人物的生平以及当时的国际形势,引导学生理解核试验对于国家的重要意义及其高度机密性,比如,邓稼先从事的工作对自己的妻子都要保密。在离开家之前,邓稼先曾对妻子许鹿希说:"鹿希,以后家里的事我就不能管了,我的生命就献给未来的工作了,做好了这件事,我这一生过得就很有意义,就是为它死了也值得!"了解了这些生动的细节,学生应该能更好地理解邓稼先的"巨大贡献"与"鲜为人知"之间的关系。

2. 1985年8月邓稼先做了切除直肠癌的手术。次年3月又做了第二次手术。在这期间他和于敏联合署名写了一份关于中华人民共和国核武器发展的建议书。1986年5月邓稼先做了第三次手术,7月29日因全身大出血而逝世。

阅读这一段,我们需要充分关注数字,特别是"年份数字"在教学中的作用。作者在客观叙述邓稼先生平经历时,并非是没有感情的。冷冰冰的数字背后,暗含着作者内心的情感。这一点有必要深入分析。

邓稼先1985年8月做了切除直肠癌的手术,可想而知,直肠癌症与邓稼先长期从事核试验工作必然有着较大的关系。而半年之后做第二次手术,再两个月之后又做了第三次手术,可见病情恶化的速度之快。第三次手术结束三个月之后,邓稼先就溘然长逝了。从确诊到去世,还不到一年时间。这些密集数字正是邓稼先生命流逝的暗示。邓稼先去世时是"全身大出血",从中可以看出他为我国国防事业的发展呕心沥血,付出了一切,甚至生命。这句话也与后文"也不知道稼先在蓬断草枯的沙漠中埋葬同事、埋葬下属的时候是什么心情"一句相照应。在密集的时间叙述中,作者还插入了"他和于敏联合署名写了一份关于中华人民共和国核武器发展的建议书"的语句片段,邓稼先是如何忍受病痛折磨完成这样一份重要的建议书,又是以一种怎样的精神与情怀去做这样一件事?这些都给学生留下了想象的空间。教学中可以适度引入邓稼先此时的身体状况、心理活动、起草过程等鲜活的事例,帮助学生更深切地感知数字背后的人物形象。

3. 但我曾问他,寒春是不是参加了中国原子弹工作,像美国谣言所说的那样。他说他觉得没有,但是确切的情况他会再去证实一下,然后告诉我。

阅读这段文字,需要搞清楚两个问题:首先,为何作者认定寒春参与原子弹工作是谣言?其次,寒春有没有参加原子弹工作,邓稼先应该是最清楚的,为什么说"他觉得没有",而且还要去证实一下?

第一,美国之所以谣传寒春参与中国的原子弹工作,一是因为寒春曾于20世纪40年代初参与了美国原子弹的制造,二是因为美国人根本不相信中国人能够独立制造原子弹。对于这一点,作者杨振宁先生自然也有疑虑,但出于对祖国深厚的民族感情,他内心又希望这是一个谣言。正是在这样的矛盾心情下,当他得知真相时,才会异常激动,以至于"一时热泪盈眶,不得不起身去洗手间整容"。作者的感情,既包含民族自豪感,又包含为老友、挚友邓稼先的成绩而骄傲的感情。

第二,关于"证实"之说。回到当时的语境,邓稼先面对阔别多年的老友,自然想无话不谈,但他的工作是需要高度保密的,因此面对好友的问题,他又感到很为难。说,这可能会牵涉到国家的机密;不说,多年的友情让他不忍欺骗。两难之下,邓稼先只能说"觉得没有,但是确切情况他会再去证实一下"。实际上,邓稼先是想为自己争取一点时间去向周恩来总理请示。在得到周总理指示"要让邓稼先如实告诉杨先生,中国的原子弹、氢弹全部是中国人自己研制的,没有一个外国人参加"之后,邓稼先才把这一消息告知杨振宁先生。

三、教学过程

第一课时

(一) 课时目标

1. 能通过文章的小标题,把握文章大意和基本内容,理清文章的思路结构。
2. 学习品读关键语句或段落的基本方法,初步把握文章中心和人物形象。

(二) 导入

在20世纪的人类历史上,中国人民经历了由"任人宰割"到"站起来了"的巨大转变。"这是千千万万人努力的结果,是许许多多可歌可泣的英雄人物创造出来。"在他们当中,有一位伟大的科学家,他用毕生的心血,使原子弹、氢弹成功爆炸，改变了中国的屈辱史，他就是我国著名的核物理学家、"两弹元勋"——邓稼先。今天，就让我们一起来学习由诺贝尔物理学奖获得者杨振宁先生所写的一篇人物传记《邓稼先》。

(三) 活动设计

▲ **活动设计一：小标题，大作用**

1. 读标题，从标题中提取关键信息，谈谈这些小标题的作用。
2. 结合小标题概括每一部分的内容。

（示例：①在历史的背景下引出邓稼先。②写邓稼先"鞠躬尽瘁，死而后已"的一生。③通过与奥本海默的对比，突出邓稼先的气质和品格。④通过作者与邓稼先的交往与对话，表达对邓稼先的情感。⑤描写邓稼先在罗布泊的工作情形，突出他身先士卒的献身精神。⑥总结评价邓稼先。）

▲ **活动设计二：文章六巧板**

小组讨论：文章六个部分可以有几种组合方式？本文作者所选择的组合方式有何价值？

在讨论交流的过程中，可追加如下提问：在写邓稼先之前，为什么先概述我国近一百多年来的历史？可否去掉？第三部分写奥本海默的目的是什么？第六部分主要写了什么？有什么作用？六个部分之间有什么内在联系？

（第一部分是全文的"小引"。第二部分紧接着简单介绍邓稼先的生平经历和贡献。第三部分可以说是第二部分的补充、延伸和扩展，通过对比突出邓稼先的气质、品格和精神。第四部分从另一角度写出邓稼先贡献之大，这一部分也可以说是第二部分的扩展。第五部分是第二部分的具体化。第六部分总结全文，写出对邓稼先品格和精神的评价，也表达了作者对朋友的深情。）

▲ **活动设计三：文字太极图**

1. 引号的妙用。

（1）师生一起回顾引号的主要作用，在黑板上写下来。

（2）找出第一部分中使用引号的文字，与同桌交流这些引号的作用。

2. "巨大贡献"与"鲜为人知"。

小组交流：既然是"做出了巨大贡献"，为何又"鲜为人知"，而且是"长期以来鲜为人知"，是否矛盾？（教师请小组代表发言，并适当点拨、总结。）

3. 用矛盾表述法写几句话,表达自己对邓稼先精神的理解。

(学生独立完成写话,小组交流,择优分享。)

(四)课堂小结

本节课主要对全文的思路结构进行了梳理,并学习了文章第一部分,了解了小标题在文中的作用,学习了品读关键语句或段落的基本方法,探讨了语言文字的表层矛盾与深层统一,初步把握了文章的中心和人物形象。

(五)布置作业

思考探究:为什么作者对邓稼先的生平事迹和巨大贡献没有做详细介绍?

第二课时

(一)课时目标

1. 能通过关键语句或段落的分析,揣摩品味其含义和表达的妙处。
2. 了解通过对比表现人物的方法。
3. 把握课文的思想内涵,感受邓稼先的非凡气质和崇高品格。

(二)导入

上一节课,我们对全文的思路结构进行了梳理,并学习了文章第一部分,初步把握了文章的中心和人物形象。今天让我们继续学习这篇文章。

(三)活动设计

▲ **活动设计:为邓稼先树碑立传**

1. 讲述邓稼先的故事。

(提示:引导学生抓住文中的一系列表示时间的词语,分析邓稼先献身中华民族核武器事业的一生。)

2. 选择一个事迹说说你的看法。

重点问题导引:

(1)结合第二部分第 16 段中的一系列表示时间节点的数字,分析这段文字的表达作用。

(2)分析第四部分内容的写作意图,重点探究两个问题:首先,为何作者认定寒春参与原子弹工作是谣言？其次，寒春有没有参加原子弹工作，邓稼先应该是最清楚的，为什么说"他觉得没有"，而且还要去证实一下？

（3）找出文中表现奥本海默与邓稼先两人不同个性、品质的词语及细节，思考作者为什么要进行对比？作者通过对比，得出了什么结论？

（4）第五部分开头引用《吊战场古文》有什么作用？结尾引用儿时学到的"'五四'时代的一首歌"，表达了怎样的情感？

3. 在课文中画出作者对邓稼先的评价语句。

（提示：评价性语句主要集中在最后两段，中心句是第 17 段。）

4. 如果为邓稼先立碑，哪一句话最应该刻在墓碑上？

5. 请围绕"鞠躬尽瘁，死而后已"，结合文中作者对邓稼先的评价，为他写一段 200 字左右的墓志铭。

（四）课堂小结

本节课我们通过为邓稼先树碑立传这个活动，对文章二、三、四、五这四个部分进行了学习，从不同侧面、不同角度更加具体地把握了邓稼先这一人物形象，也感受到了作者对朋友的深情。

（五）布置作业

积累拓展：小组合作，搜集并整理我国"两弹一星"科学家的资料。任选其中一位科学家，由小组推选一名代表向全班同学介绍。

2 说和做——记闻一多先生言行片段

臧克家

一、教学目标与学习要素

（一）教学目标

1. 能通过文章的标题和过渡句，把握文章基本内容，理清文章的思路结构。
2. 能通过关键语句或段落的分析，把握文章的语言特点和人物的思想感情。
3. 把握课文的思想内涵，学习闻一多热爱祖国、为了祖国的民主富强奋斗终生的优秀品质。

（二）学习要素

1. 副标题和过渡句对于把握文章基本内容、理清文章思路结构的作用。
2. 运用四字词语生动刻画人物形象、传递作者情感。
3. 夹叙夹议的写作手法使文章结构严谨、富有感染力。

二、文本解读

（一）课文整体解析

《说和做——记闻一多先生言行片段》是"农民诗人"臧克家的作品，这篇文章不是人物传记，却记叙了闻一多先生的主要事迹，表现了他的崇高品格，高度赞扬了他的革命精神，可以说是一篇结构精巧、事例典型、抒情浓郁、语言典雅的写人记事的经典散文。闻一多先生是新月派诗人，是中国旧经典的研究学者。本文作者臧克家作为闻一多先生的高徒，也是一位酷爱古典诗词的诗人。本文有不少语句精致凝练、典雅庄重，具有一种诗意美，值得细细品味。

从内容上来看，文章前半部分写闻一多先生作为学者的一面，从文化上寻找振兴民族的途径。文章的后半部分，着力写闻一多先生作为革命家的一面，积极投身民主运动。从前期潜心于学术研究，到后期投身于民主运动，这反映了闻一多先生对社会认识的变化。

在结构上，这篇课文分两个部分来写。第一部分通过记叙表现了闻一多先生作为学者"做了再说，做了不说"的特点。第二部分则重点表现闻一多先生作为革命家所具有的"说"了就"做"、言行一致的特点。两部分之间，又有承上启下的过渡句，使得文章衔接紧密，过渡自然。

　　本文表达上的一大特点是夹叙夹议。第一部分先引用闻一多先生的"言"，然后再写他的"行"，第一、二段是第一部分的叙述的总起，而第七段是第一部分的总结，这两处都是议论。第二部分则把闻一多的"言"和"行"糅合起来写，第八、九两段是第二部分的总起，最后一段是第二部分的总结，同时也是全文的总结，这两处也都是议论。这篇文章多次用到照应手法，有首尾照应，有行文前后的多次照应，也有行文与题目的照应。多种方式的照应，使文章的结构严谨，富有气势，增强了文章的感染力。而这些照应几乎全是议论。可见，议论在本文中发挥着重要作用，教学时有必要带领学生细读并体会。

（二）重点语段细读

　　本文中四字词语特别多，作者使用了大量的成语或仿成语的词语，如"望闻问切""目不窥园""足不下楼""兀兀穷年""沥尽心血""众物腾怨"等。这些词语结构整齐，节奏感强，读来富有诗的韵味，从表达效果上来看，又生动地刻画了闻一多先生勤奋钻研的学者形象，也表达出作者对闻一多钻研精神的赞美之情。

　　此外，本文中还有很多诗意化的语句，如：

1. 仰之弥高，越高，攀得越起劲；钻之弥坚，越坚，钻得越锲而不舍。

　　这句话化用了《论语·子罕》中典故"仰之弥高，钻之弥坚"，意思是越仰望越显得高远，越钻研越显得坚固。

　　【原文】颜渊喟然叹曰："仰之弥高，钻之弥坚，瞻之在前，忽焉在后。夫子循循然善诱人，博我以文，约我以礼，欲罢不能，既竭吾才，如有所立卓尔。虽欲从之，末由也已。"

　　【译文】颜渊感叹地说："（对于老师的学问与道德），我抬头仰望，越望越觉得高；我努力钻研，越钻研越觉得不可穷尽。看着它好像在前面，忽然又像在后面。老师善于一步一步地诱导我，用各种典籍来丰富我的知识，又用各种礼节来约束我的言行，使我想停止学习都不可能，直到我用尽了我的全力，好像有一个十分高大的东西立在我前面。虽然我想要追随上去，却没有前进的路径了。"

　　本句化用典故，句式工整，富于感情，表达了对闻一多钻研精神的赞美之情。

2. 他要给我们衰微的民族开一剂救济的文化药方。

　　"开一剂救济的文化药方"是比喻，指寻找使民族文化繁荣昌盛起来的方法。

自20世纪20年代末起,闻先生过了十多年"书斋生活",企图从文化上寻找振兴民族的途径,目的在于救国。与这一比喻相关联的,是下文的"望闻问切"。"望闻问切"用的是拟人手法,把我们的民族比成一个病人。也可引导学生进行具体的分析。

3. 深宵灯火是他的伴侣,因它大开光明之路,"漂白了的四壁"。

深夜只有孤灯相伴,本应感到寂寞,但闻一多却乐在其中,全力进行学术研究。句中"它"指深夜灯火。"漂白了的四壁"引自闻一多诗《静夜》,该诗表现诗人对祖国前途和人民命运的关切。此处引用"漂白了的四壁",意在表现闻先生深夜潜心研究的怡然自适,与"大开光明之路"一脉相承。

4. 他潜心贯注,心会神凝,成了"何妨一下楼"的主人。

"潜心贯注""心会神凝""何妨一下楼"意思一致,都是说闻一多研究学术极其用功,用心专一,钻研深入,别的任何事情不能使他分心。引用"何妨一下楼"的称谓,进一步强调了他的用心之专。

这些词句都真实而生动地表现了闻一多的多重形象。教师可引导学生对此进行赏析,围绕着闻一多的形象去品味臧克家的语言特点,感受文章精美典雅的语言风格。

三、教学过程

第一课时

(一)课时目标

1. 能通过文章的标题和过渡句,把握文章基本内容,理清文章的思路结构。
2. 能通过关键语句或段落的分析,把握文章的语言特点和人物的思想感情。

(二)导入

我们常说,做人要"言行一致"。但有的时候,言行不一致也未必是错误的。就像闻一多先生,他就是一个"说"和"做"不一致的人。究竟是怎么回事呢?今天,就让我们走进臧克家的《说和做——记闻一多先生言行片段》,去了解闻一多先生的事迹,学习他的品格。

(三)活动设计

▲ **活动设计一：生命天平**

1. 假如你有一个生命天平，你想在上面放置哪些东西？闻一多先生放的是什么？

（1）速读课文，结合标题和过渡句归纳文章的基本内容。

（方法指导：从标题中获取关键信息。课文的标题明确地告诉我们作者主要写什么——闻一多先生的"说"和"做"，那么在阅读上，就要关注那些直接点明"说"和"做"的特点的语句。在速读时，要迅速勾画出这些语句，这样就能更好地把握作者的写作目的和思路。）

（2）闻一多先生说了什么？做了什么？

（提示：闻一多先生所"说"和所"做"的就是他放在生命天平上的重要的东西，如研究学问、文化救国、民主救国等。）

（3）闻一多先生如何维持言行平衡？

（提示：可从作为学者的闻一多和作为民主战士的闻一多两个方面来分别分析。）

2. 找出文中的过渡句，据此划分全文的层次。

3. 用简洁的语言概括课文的主要内容。（同桌间互相交流，教师随机指名发言。）

4. 综合闻一多先生所"说"和所"做"这两个方面来看，闻一多先生是一个怎样的人？试用课文中的原句回答。

（示例：闻一多先生，是卓越的学者，热情澎湃的优秀诗人，大勇的革命烈士。他，是口的巨人。他，是行的高标。）

▲ **活动设计二：语言魔方**

1. "做"与"说"的多重组合。

"说"和"做"是本文的两个关键词。从语言运用的角度来看，尝试列举"说"和"做"的多种组合方式。

（如：做了说，做了不说；先做再说，先说再做；边做边说，做了不说……）

2. 评述各类组合中"说"和"做"的关系。

3. 闻一多的"做"与"说"。

（1）闻一多怎么处理"说"和"做"的关系？

（关注课文开头引用闻一多先生的两句话：起什么作用？用了什么写法？表现了闻一多怎样的品质？——总领全文，表现闻一多"做"的特点——做了再说，做了不说。此处运用对比写法，表现了闻一多先生严谨踏实的治学态度、言行一致的高尚人格和谦虚谨慎的美德。）

（2）闻一多先生在对待"说"和"做"两个方面的态度是否矛盾？作者为什么采用这样的方法来记述？意图何在？

（提示：尽管闻一多先生在"说"与"做"两个方面的情况迥然不同，但实质上二者并不矛盾。二者统一在言论与行动的完全一致，而且闻一多先生以宝贵的生命"实证了他的'言'和'行'"。言行一致是闻一多先生人格的写照。如果笼统地写，容易落入窠臼，流于一般化。作者采用剖析的方法记述，具体、实在，既刻画了闻一多先生力戒空言、崇尚实干的学术道德，又刻画了他为民主事业做"狮子吼"的慷慨陈词，展示了他昂首挺胸的形象。文章采用剖析的方法记述，不仅从不同侧面描述了闻一多先生的精神世界，而且揭示了他思想前进的历程。用这样的方式来记述，虽只是展现言行片段，但人物形象丰满，其孜孜矻矻与英雄无畏的精神跃然纸上。）

（3）作者如何评价闻一多先生？

找出文中的评价语句，归纳概括作者的基本观点。重点在过渡段和结尾两段。

（4）你如何评价闻一多先生？

（提示：此处的评价是学生初读之后的体会，可能还不够全面、不够准确，但要鼓励学生畅所欲言，不必追求意见的统一。）

（四）课堂小结

本节课我们通过生命天平和语言魔方两个学习活动，理清了文章的思路结构，初步认识了闻一多这一人物形象。

（五）布置作业

查阅资料，为本文再补充一两件体现闻一多"说"和"做"特点的事例。

第二课时

（一）课时目标

1. 能通过关键语句或段落的分析，进一步把握闻一多先生的革命精神和崇高品格。

2.把握课文的思想内涵,学习闻一多热爱祖国、为了祖国的民主富强奋斗终生的优秀品质。

(二)导入

上节课我们通过文章标题和过渡句理清了文章的思路结构,初步认识了闻一多这一人物形象。这节课,我们重点来咀嚼文章的语言文字,学习文章的语言特色。

(三)活动设计

▲ **活动设计:文字反刍**

(通过对文章中关键字词、语句的咀嚼,感受文章的语言特色及其作用。)

1. 文章表现闻一多"做了再说,做了不说"特点(作为学者的一面)的写法。

(1)找出作者表现闻一多"做了再说,做了不说"的三件事例。

(三件事例:写作《唐诗杂论》《楚辞校补》和《古典新义》。)

(2)分析这三件事的写法(选择的角度、关键词句、详略安排等),小组合作完成表格。

典型事例	选择的角度	关键词句咀嚼	详略安排	备注
著《唐诗杂论》				
著《楚辞校补》				
著《古典新义》				

(提示:写作《唐诗杂论》是从"做"了再"说"这个角度选材的;其他两个事例是从"做"了也不一定"说"的角度选材的。其中第一件事详写,后两件事略写。关键词句咀嚼参照上文"重点语段细读"部分,重点在于品析四字词语的妙处,感受文章精美典雅的语言风格。如:"目不窥园,足不下楼","头发零乱","睡得很少",书桌"凌乱不堪,众物腾怨",而闻先生却对这些细节"心不在焉",这些描写深入细致地表现了闻一多先生专心致志的研究态度、持之以恒的精神。)

(3)试用简洁的语言,说说闻一多作为学者的形象。

学生独立概括,小组交流分享,择优全班交流。

（示例：闻一多先生是一位为探索救国救民的出路而废寝忘食地潜心学术研究、不畏艰辛、治学严谨，最后终于在学术上取得累累硕果的卓越学者，也是一位言行一致的爱国者。）

2. 比较闻一多作为民主战士时的言行与作为学者时的言行的不同。

学生从文中找出相关的语句回答。

3. 思考探究：作者在写闻一多作为革命家的方面时，与作为学者方面的写法有何异同？试结合具体语句进行分析。

(1) 作为革命家的闻一多怎么"说"、怎么"做"？

(2) 作者的写法有什么不同？

（提示：第一部分先引用闻先生的"言"，再记其"行"，然后进行议论。第二部分则是把闻一多的"言"和"行"糅合起来写。）

(3) 这些语言对表达文章的主题起到了什么作用？

（提示：散文中适当运用诗意的语言能增添文章的浓度，能更为形象、更为深刻地表现闻一多先生是口的巨人、行的高标的主题，能以文中包蕴的感情、激情给人以激励、鼓舞和感染。）

（四）课堂小结

本文以闻一多先生的"说和做"总领全文，闻一多先生的说和做与众不同。作为卓越学者的他是"做了再说，做了不说"，表现他的谦虚美德和实干精神以及严谨的治学态度；作为革命家的他是"说了就做"，言行一致，表现他英勇无畏的英雄气概。文章从说和做两个方面，高度赞扬了闻一多先生的崇高品格和革命精神。

（五）布置作业

拓展阅读：闻一多《最后的演讲》。

3 回忆鲁迅先生(节选)

萧 红

一、教学目标与学习要素

(一) 教学目标

1. 快速自读课文,善用批注,提高阅读效率。
2. 感知内容,理清思路,体会散文形散而神不散的特点。
3. 通过品读圈画与拓展阅读,体会鲁迅丰富的形象、情感与精神以及作者的情感。
4. 学习本文善于运用生活片段与细节描写去展现人物性格的写作方法。

(二) 学习要素

阅读回忆性散文,注意区别事件本身与回忆者的感受,区别当时的"我"与回忆时的"我"。

二、教学建议

《回忆鲁迅先生》是一篇写人的回忆性散文,这篇带有纪实性、回忆性、自传性的散文,是与鲁迅先生有特殊情感的萧红的写人叙事散文的经典之作。鲁迅对萧红有着知遇之恩,事业上、生活中给予了无微不至的关怀与照顾,两家人之间有着亲密无间的关系,因而使得此文不仅仅因其真实生活的细节描写、自然清纯的文笔而在现代散文史上成为典范,更是由于内容取材于亲见、亲闻、亲历、亲感,有力地塑造了一个鲜活立体、血肉丰满、可亲可敬的鲁迅形象,此文不仅具有较高的文学审美价值,也具有历史传记性质。

回忆和纪念鲁迅的文字有许多,如唐弢《琐忆》、林语堂《悼鲁迅》、周作人《关于鲁迅》、孙伏园《忆鲁迅先生》、藤野严九郎《谨记周树人君》等,这些多数谈及他的人生轨迹、思想观念、个性特征、文学成就等方面对同时代及后人的各种影响。世人眼中,鲁迅是文艺家,是思想家,也是战士,还是充满情怀的诗人。而鲁迅作为平凡的普通人的生活却被人们忽略,其个人生活亦很少有人涉及。萧红的这篇散文《回忆鲁迅先生》则填补了这一空白,它从日常生活细节出发细腻而动人地展现了鲁迅伟大而平凡的生活。

萧红的这篇写人散文内容涉及鲁迅的饮食起居、为人处世、家庭生活、读书工作、休闲娱乐、病中工作等,分别写了明朗的笑声、轻捷的步伐、吩咐坐车、生活习惯、和我开玩笑、待我随和、宽待青年、不在意校样、夫人支持、看电影、看书休息、真诚待客、亲尝鱼丸、整齐理书、病中工作等情节,材料细碎,且材料之间是独立的,没有连贯性,甚至是断裂的,形成以片段组合的形式上非逻辑顺序,有些情节即使看似颠倒似乎也无碍于文章中心的连贯,这种形散而神不散的材料组织形式和看似漫不经心的布局,却恰恰是真实生活情景的再现,人性光辉也就在这系列的图画中逐步展现。原文四十五个片段,此文采撷了其中的十五个片段,如同一首首散文诗,散发着鲁迅先生人性的光辉与人情的饱满,真切而又深切地表达了作者对鲁迅先生的尊重、敬仰、热爱、感激、缅怀之情。

作为一篇自读课文,教师需要对学生进行群文阅读指导,更需要立足文本,注重学生理解问题和解决问题能力的提升,进行阅读方法的指导,设计主问题和问题链,给学生提供必要的支架,将文本解读与文本主体特征结合起来,紧扣作者的主题视角和写作背景,分析人物形象和精神。同时,教师应指导学生如何做好批注,注重学生个性化阅读能力的培养,善于借助阅读提示来理解、分析回忆性散文的语言特点和表达方式;注重激发和涵养、充实学生的生活经验和学习经验以及写作经验,注重读写结合,把握人物精神,做好知识与能力方面的积累。

三、教学过程

(一) 导入

同学们,今天我们一起来学习萧红先生的《回忆鲁迅先生》,重新走近鲁迅,感受鲁迅的人格魅力;首先请大家根据预习,组内交流预习情况。

(二) 活动设计

活动主题: 鲁迅生活故事集锦

▲ **活动设计一: 内容整理大比拼**

1. 罗列文章中鲁迅生活故事(概括故事梗概,填入下面的表格),为这些故事拟一个好的标题。

2. 选择你最感兴趣的两三个故事,把它们转述出来,看看谁说的更生动。

3. 将作者萧红的相关回忆与你的转述做一比较,看有哪些差异。

和其他事物的本质一样,文学和文艺作品中的内涵一般会掩盖在各类复杂而繁多的表象中。我们在学习一篇文章的时候,往往通过对字、词、句、篇、语、修、逻、文等的品析,通过对外部表象和现象的分析、概括,更好地理解和掌握文章的内涵和主旨。因此,在语文教学中,要善于运用分析、概括、转述、比较等方法培养学生的抽象概括的能力,切实培养学生的学习信心与兴趣。

序号	内容	标题

▲ 活动设计二:重点语段深入析

【语段呈现】以后我们又做过韭菜合子,又做过荷叶饼,我一提议,鲁迅先生必然赞成,而我做得又不好,可是鲁迅先生还是在饭桌上举着筷子问许先生:"我再吃几个吗?"

1. "鲁迅必然赞成"的背后有哪些原因?

2. 萧红厨艺如何？

3. 鲁迅为何要请许先生允许再吃几个？除了尊重许广平，还有什么原因？

4. 萧红食物做得并不好，却看到鲁迅如此喜欢，她的内心有何感受？请你体会萧红此刻的心理活动，写一段文字表述出来。

5. 请从文中再选 2—3 个语段，来体会萧红回忆这些故事时的内心感受。

对重点语段的品读，有助于更深刻而全面地把握人物的形象和精神品质，以及作者的思想感情、文章的写作意图。我们在日常的语文教学中不能把字、词、句抽离，需要前后勾连，引导学生对局部细节的分析与精准表达；需要知人论世，适时引入背景资料，让学生在缜密思考与精准的表达中弄清来龙去脉，在细读中理清文本语言与文学的差异，领悟语言的精妙与思想的深邃。

▲ **活动设计三：品读赏析悟形象**

文中用多处细节描写来表现作者亲历过的鲁迅先生的言行，请找出几处来分析其表达作用，感受一下作者对鲁迅先生的深切缅怀。

1. 鲁迅先生走路很轻捷，尤其使人记得清楚的，是他刚抓起帽子来往头上一扣，同时左腿就伸出去了，仿佛不顾一切地走去。

示例：通过动作细节描写，运用了几个动词："抓""扣""伸"等，形象地展示了鲁迅先生的习惯性动作，生动地体现了鲁迅先生干脆利落、行事果断的特点，表现了鲁迅先生坚定执着、勇往直前、毫不犹豫的精神品质。

2. 以后我们又做过韭菜合子，又做过荷叶饼，我一提议，鲁迅先生必然赞成，而我做得又不好，可是鲁迅先生还是在饭桌上举着筷子问许先生："我再吃几个吗？"

示例：运用动作描写和语言描写，表现了鲁迅先生对妻子的尊重与爱意，体现了鲁迅先生的真诚与细心、周到，以及对我的体恤，营造出了一种温馨的氛围，同时还表达了我对鲁迅的感激与怀念之情。

3. 鲁迅先生把书包好了，用细绳捆上，那包方方正正的，连一个角也不准歪一点或扁一点，而后拿着剪刀，把捆书的那绳头都剪得整整齐齐。

示例：运用一连串的动作细节描写，生动形象地表现了鲁迅认真、负责、一丝不苟的做事态度，表现作者对鲁迅先生的赞赏与敬重之情。

4. 鲁迅先生的书桌整整齐齐的,写好的文章压在书下边,毛笔在烧瓷的小龟背上站着。一双拖鞋停在床下,鲁迅先生在枕头上边睡着了。

示例:运用了拟人的修辞手法,给毛笔、拖鞋赋予了人的特点,"站"和"停"表示随时可能会动起来,仿佛时刻等待着主人的召唤,同时在主人身边陪伴着主人,赋予了笔和鞋子以灵性,读起来自然、生动,也让人倍感亲切。

▲ **活动设计四:读写结合,拓展延伸**

通过本文学习,我们掌握了作为记叙文的一个分支的散文的写法,明确了选用典型事例、精选材料和通过细节描写表现人物精神的方法,请大家结合本单元其他几篇文章,总结写作方法,并在接下来的作文训练中有效运用,将课内所学及时消化吸收,通过写作实践,内化为自己的能力与素养,提升自己的学习力。

(三)课堂小结

通过本课的学习,我们掌握了如何快速阅读一篇文章,并通过理清文章思路,借助作者与鲁迅先生交往的一些具体细节,真切感受到了散文"形散而神不散"的特点;通过品读与自主阅读,我们深切体会到了作者笔下鲁迅丰富的形象、情感与精神以及作者对鲁迅先生的深情厚谊,希望大家再次深入阅读,学习本文善于运用生活片段与细节描写去展现人物性格的写作方法。

(四)布置作业

1. 回答正文旁边旁批的问题。
2. 抄写课文注释,抄写课后读读写写部分的词语。
3. 结合课后阅读提示,写一写我们重新认识的鲁迅,先在组内交流。

4 孙权劝学

司马光

一、教学目标与学习要素

(一) 教学目标

1. 借助注释和工具书,理解课文大意,复述文意,通过反复朗读,培养文言语感。
2. 在把握课文中的文言实词的基础上,理解文中语气词和称谓语的含义。
3. 分析人物对话,把握人物形象与性格特点。

(二) 学习要素

1. 语气词、称谓语的语境义。
2. 结合语言和行为分析人物形象与个性特点。

二、文本解读

(一) 课文整体解析

《孙权劝学》节选自北宋司马光主编的《资治通鉴》。本文写的是吕蒙在孙权的有效劝说下"乃始就学",发愤学习,其才识的长进得到了名将鲁肃的肯定与赞赏,并拜母结友的佳话。孙权、鲁肃爱惜人才,吕蒙积极就学、一鸣惊人,以实际行动演绎了君贤臣能、笃志勤学的典范。文章言简意赅,意蕴悠长;结构紧凑,富有特色。文章侧重描写孙权劝学,略写吕蒙就学,并以鲁肃赞学从侧面表现了孙权劝学的成功与成果。

作为一篇劝学类的文言文,"劝"意为劝说、鼓励、勉励等,"学"即学习,劝学意为劝勉并鼓励人们认真学习。劝学的目的,既有提升道德修养的崇高追求,也有为了生存发展的需要。文章生动、简练,主要运用对话描写表现人物,并以对比的表现手法及侧面描写的方式塑造人物形象,表现人物精神,富有表现力。在解读、设计此类文本的时候,首先务必充分考虑其劝学的价值,渗透写作手法的品析,教育学生珍惜机会和时间,发奋读书。

本课教学需以设计学生的活动为抓手,激趣导入,在预习掌握字词、疏通文意的基础上,层层深入,在教学过程中,通过反复朗读和分角色朗读,揣摩人物说话时神态与心理，体会人物的情感态度；深入研读，结合题目设置主问题和问题链，调动学生学习的主动性和积极性，把握文章主题；通过比较阅读与拓展延伸，加深对劝学内涵与意义的理解与认识。

(二) 重点语段细读

孤岂欲卿治经为博士邪！但当涉猎，见往事耳。卿言多务，孰若孤？孤常读书，自以为大有所益。

阅读这段文字，我们需要弄清楚这句话运用了什么修辞手法、有何表达效果。本文重在表现孙权的劝学，本段文字即体现了孙权以现身说法给予吕蒙直接的"劝"，从而达到了劝学的目的。孙权强调并非是要吕蒙成为研究儒家经典的学官，而是要了解历史，一个"耳"字，便可见一斑，包含着不悦、责备与恳切；同时，孙权用自己的经历告诫并鼓励吕蒙，更见其善劝背后对下属的严厉、热切与关爱，颇具大将之气。

三、教学过程

第一课时

(一) 课时目标

1. 反复朗读课文，能用现代汉语解释重要的文言词语和句子，把握课文大意。
2. 小组合作探究课文的中心思想，明确其中的道理，并获得人生启示。

(二) 导入

东汉建安年间，有位将领，他听从孙权劝告，多读史书、兵书，协助周瑜等大破曹军于赤壁，并带兵攻破关羽于荆州，使得蜀将关羽失守荆州，退守麦城，在此演出了一场千古悲剧。这期间，作为东吴孙权的爱将，他起到了关键的作用，这个人就是吕蒙。今天，就让我一起来学习吕蒙如何在孙权的有力劝学之下完成了人生的蜕变的。（板书课题《孙权劝学》。）

(三) 活动设计

活动主题："劝学"有妙招

▲ 活动设计：初读悟学

1. 理清重点字词，交流字词疑点，画出孙权"劝学"的文字，大声朗读，小组交流翻译文章,圈出有疑问之处,比比看谁能够先说出劝学的内容,师生共同解决问题。

2. 交流、复述故事、概括故事,质疑并释疑。

请同学们先写下来,再由几位同学交流相关人物及故事情节,力求完整。

示例:本文写的是吕蒙在孙权的有效劝说下"乃始就学",其才识的长进得到了名将鲁肃的肯定与赞赏,并拜母结友的故事。

3. 本文中,作为一介武夫的吕蒙,为什么能得到吴国有名的谋士鲁肃的赏识,并主动拜母结交呢?

示例:吕蒙学识和才干得到了很大的长进,学有所成,令鲁肃刮目相看,其已经不是当日的吴下阿蒙。

4. 讨论:吕蒙学有所成,课文是如何体现出来的,是直接写出来的吗?

提示:从鲁肃与吕蒙的对话描写(侧面描写)中可以看出来。

(1)"卿今者才略,非复吴下阿蒙!"

由此可见鲁肃当时的神情和心理,其对吕蒙的前后判若两人既吃惊又赞赏,从侧面反映了吕蒙的长足进步。作为了一个地位和见识都高于吕蒙的人,鲁肃的这番话,较能说明吕蒙的长进。

(2)"士别三日,即更刮目相待,大兄何见事之晚乎!"

"三日"意为三天,表示时间很短,"刮目"是擦拭眼睛,"刮目相待"意为用新的眼光看待。"大兄何见事之晚乎!"意即"长兄怎么认清这件事这么晚啊!"其中"乎"表示感叹语气,相当于"啊",巧妙地照应鲁肃的赞叹,既是自得、自豪、自信,又是一种对自己进步的坦然。

5. 反复品读,体会人物的语气、态度和内心的变化,总结鲁肃与吕蒙的人物形象特征。

从鲁肃的言行中可以看出:鲁肃是一个爱才、敬才、惜才、重才的人;从吕蒙辞学到听从劝告就学,以致学有所成,即从"吴下阿蒙"到令人"刮目相看"的蜕变,可以看出他是一个能坦诚待人、听取意见、勤勉好学、知错能改并学有所成的人。

(四)课堂小结

对于以劝学为主题的文本,既要扎实做好文言知识的理解与运用,如文言实词与虚词的积累,包括特殊称谓的含义,又要注重特殊句式与文化常识的学习与拓展。文言文是传承和理解中华民族优秀传统文化的重要载体,文言文的教学要注意工具性与人文性的统一,在学习和熏陶中自觉增强文化自信,加深对传统文化的认识和理解,增强传承、弘扬中华优秀传统文化的自信心和责任感。

(五)布置作业

1. 课文详写"劝学"和"议论",对"就学"、"结友"则略写,重在写劝学的经过和侧面写吕蒙的进步,请就"就学"或者"结友"的情景发挥想象,写一段不少于150字的文字,可综合运用多种描写手法。

2. 课外阅读《三国演义》,找出主要人物的称谓语,做一定的梳理、归纳和总结。

第二课时

(一)课时目标

1. 品读关键字词和人物对话,把握文中人物的形象特点。
2. 反复朗读课文,拓展阅读课外文章,深入理解课文的主旨。

(二)导入

通过上节课的学习,我们掌握了文章的主要人物及事件,知道了"吴下阿蒙"与"刮目相待"的含义,对吕蒙的进步也是感同身受。本节课,我们再深入探究吕蒙得以长进的缘由,认识孙权劝学及相关人物性格特点,也进一步了解作者写作此文的目的。

(三)活动设计

▲ 活动设计一:角色反串

1. 反串:原文吕蒙的话非常简单,请扩展一下,改成直接引语;孙权的话语非常详细,请用转述的方式压缩一下。

2. 比较:原文与反串文效果有何不同?

点评:原文中孙权的劝说有几个层次?

3. 表演:孙权劝说的语气与语调。

深入品读,交流感悟:

(1) 本文中,是什么原因使得吕蒙令鲁肃刮目相待的?

(孙权的劝学。)

(2) 孙权为什么"劝学"？孙权是怎么"劝学"的？孙权是个什么样的人？

孙权为什么"劝学"——

"卿今当涂掌事，不可不学！"用双重否定的形式，态度坚决，语重心长，殷切期望，高标准、严要求，向吕蒙指出"学"的必要性，使得其能够德才兼备，真正做到"当涂掌事"。

孙权是怎么"劝学"的——

"孤岂欲卿治经为博士邪！但当涉猎，见往事耳。""邪"为语气词，同"耶"，可译为"吗"，表示反问语气。联系句意和背景，可见孙权对吕蒙因军中多务辞学的责备、不满和愤怒之情。接着，孙权强调并不是要吕蒙研究四书五经等儒家经典，而是"涉猎"那些有助自己掌事的历史类、兵法类等方面的书籍，"如切如磋，如琢如磨"，从中总结出兴衰成败的经验教训为己所用。后一句中"耳"为语气词，可译为"罢了"。这句说的是孙权联系自身在学习中的经历与教益对吕蒙的劝勉，足见其对吕蒙的关心与爱护。

孙权以自己的经历指出"学"的可能性："卿言多务，孰若孤？孤常读书，自以为大有所益。"语句言辞恳切，语重心长，既可以看出他的善于劝学，又可以感受到他对吕蒙的重视与殷切期望，而又不失君主的威严，使吕蒙没有推辞的可能性，其对吕蒙的关爱可见一斑。

孙权是个什么样的人——

通过再次深入阅读和反复品读，感受孙权的语气、神态和心理，分析人物形象。从孙权起初对吕蒙的严格、殷切语气，到吕蒙辞学时的不悦、责怪乃至恼怒，再到动之以情、晓之以理的现身说法，可谓语重心长，有力地展现了一位爱护、珍惜人才，严格要求，平易近人，好学善劝，循循善诱的王者形象。

4. 品读深悟：小组合作，分角色朗读文中劝学的过程及结果。

再次体悟孙、蒙对话与蒙、肃对话在情调上的区别，揣摩人物语气与神态，体会说话时人物的心理，总结本文的启示。

采用全班齐读、分角色朗读、情景剧式的合作表演，通过吕蒙的长进这一事情，合作探究：开卷有益，一个人只要广泛涉猎就会学有所成；劝人要讲究策略；要虚心接受正确意见，刻苦学习；不要以一成不变的态度看待他人，要以发展的眼光看待人和事；不能因为事情繁忙就放弃学习，坚持读书是有益的；要善于听取他人好的建议或意见并去做；要有兼济天下的胸怀，相互勉励，共同进步；做人不能太骄傲，要谦虚；只要发奋学习，就能积学修业，学有所成；后天教育的重要性，等等。

▲ **活动设计二：比较阅读**

比较《孙权劝学》和《师旷劝学》，加深对课文内容的理解：

比一比，看看谁能找到不同点。《师旷劝学》与《孙权劝学》的区别在哪里？

议一议，看看谁能说到关键点。

1. 劝说者身份不同：《孙权劝学》中，是身为领导者（君主）的孙权对下属（武将）吕蒙进行的劝说与引导；而在《师旷劝学》中，则是身为下属（臣子）的师旷对君主晋平公进行的劝导。

2. 劝导方式不同：《孙权劝学》中，孙权根据自己的亲身经历，以命令和强制的语气劝导吕蒙及时就学、不虚使命；《师旷劝学》中，劝学者师旷，基于君主的尊严，以自己的才华与辞令，通过三个巧妙的比喻对君主进行了委婉地劝诫。

3. 着力点不同：《孙权劝学》重点是通过正面描写与侧面描写相结合的方式，表现被劝者吕蒙听劝后的变化与结果；《师旷劝学》侧重表现的是师旷劝学过程中主人公师况的才华与谋略。

（四）课堂小结

对于以劝学为主题的文本，既要扎实做好文言知识的理解与运用，如文言实词与虚词的积累，包括特殊称谓的含义，又要注重特殊句式与文化常识的学习与拓展；作为传承和理解中华民族优秀传统文化的重要载体，文言文的教学要注意工具性与人文性的统一，在学习和熏陶中自觉增强文化自信，加深对传统文化的认识和理解，增强传承、弘扬中华优秀传统文化的自信心、责任感。

（五）布置作业

1. 课文详写"劝学"和"议论"，对"就学""结友"则略写，重在写劝学的经过和侧面写吕蒙的进步，请就就学或者结友的情景发挥想象，写一段不少于150字的文字，可综合运用多种描写手法。

2. 课外阅读：《三国演义》。找出主要人物的称谓语，做一定的梳理、归纳和总结。

3. 完成课后练习。

写作 写出人物的精神

一、教学目标与学习要素

(一) 教学目标

1. 写人,写出人物的外在特点。
2. 写人,写出人物的内在精神。

(二) 学习要素

1. 常见的人物描写方法。
2. "写出人物的精神"的路径和注意点。

二、教学建议

本单元选取了历史上有卓越功勋的杰出人物,既有政治家、军事家,还有文学家、科学家;人物性格鲜明,既有人物的工作表现与卓越贡献,还有其生活的细节,较为全面地展示了其精神品质与个性特征。

几篇文章在写作上各有特色,在表现人物精神方面又有一些共同之处可以借鉴:

首先,人物的精神总是在特定的典型事件中得以展现,要善于精选材料表现人物精神;

其次,善于综合运用多种手法表现人物精神,如对比、衬托、抑扬以及人物、环境描写运用得恰如其分,可以较好地展示人物个性特征;

再次,综合运用多种表达方式,记叙、说明、描写加上议论与抒情,可以穷形尽相,尽显人物之形,还可以以形写神,使人物之神跃然纸上,集中展现人物的精神品质。

三、教学过程

(一) 导入

师生共读教材,了解怎样"写出人物的精神"。

提示:写出人物的精神,即写出人物内在的精神品质。写人物的外在特点时,也能写出人物的内在精神。

要写出人物的精神,需要注意以下几点:

首先,可以抓住典型细节来表现人物的精神风貌。一个人的内在品质和精神追求往往在细节处得以彰显;

其次,可以借助一些写作手法(表现手法)来加以突出、强调。对比、衬托、正面描写与侧面描写相结合等,都可以起到揭示和凸显人物精神的作用;

另外,还可以借助一些抒情、议论的句子,对人物的精神品质进行点睛式的概括。精彩的抒情和议论,能提炼人物的精神品质,也能对文章主旨起到升华的作用。

(二) 活动设计

▲ **活动设计一:画漫画,猜真人**

1. 画本班同学(匿名)的漫画像。
2. 全班评议,猜出漫画所对应的真人,并说出理由。

▲ **活动设计二:画漫画,评佳作**

1. 画班主任的漫画像。
2. 评选佳作(班主任的优秀漫画像)若干。

▲ **活动设计三:看漫画,写片段**

1. 集体观察班主任的最优漫画像。
2. 给班主任最优漫画像配一段文字。

提示:抓住班主任的典型细节并加以描写;运用一些写作手法对班主任的精神风貌加以突出、强调;用一句话评价班主任的精神品格,并抒发自己的感情。

3. 展示、评点片段作品。

(三) 课堂小结

我们在本单元写作教学中,要善于借助课内各类文本中的写作特色,着重学习相关的路径和注意点,根据文章中心思想选取典型事例,综合运用多种表达方式和表现手法展现人物鲜明的外在特点与精神品质。

(四) 布置作业

生活中,我们难免会与人发生争论。有时候,只是两个人参与;有时候,则是数人参与。调动你的生活经验,以《争论》为题,写一篇作文,描摹争论中人们的不同表现,不少于500字。

单元练习

1. 阅读《邓稼先》,简要点评文中的《吊古战场文》。

2. 阅读《邓稼先》,完成任务:邓稼先曾被追授"两弹一星"功勋奖章,请你为他写一段颁奖词。

3. 阅读《说和做——记闻一多先生言行片段》,简要回答:从"我"在前后文所运用的语言文字和标点符号看,"我"对闻一多先生的情感是怎样的?

4. 阅读《回忆鲁迅先生》,简要点评第24—26段。

5. 阅读《孙权劝学》,用现代汉语解释下列句子。
士别三日,即更刮目相待。

6. 阅读《孙权劝学》,简要点评"士别三日,即更刮目相待,大兄何见事之晚乎!"

7. 阅读《孙权劝学》,完成单项选择:下列说法中不正确的一项是(　　)。
A. 上文作者叙事时着重叙述和描写了孙权劝学的过程和结果
B. 朗读"及鲁肃过寻阳"应这样处理停顿:及鲁肃/过寻阳
C. 文中鲁肃"大惊"是因与吕蒙论议发现他的才略大有长进
D. 上文作者叙事采用顺叙法,但省略了吕蒙发奋读书的经过

> 解 析

1. 检测点：精读和分析，把握关键语句或段落，揣摩品味其内涵和表达的妙处。

参考答案：作者运用引用修辞，写邓稼先的工作场所，写出自然环境恶劣，以境衬人，突出邓稼先的不畏艰险、坚韧不拔，这是中国传统文化孕育出来的，表达对他的赞美、敬佩之情。

2. 检测点：精读和评价文中的主要人物。

参考答案：

〖示例一〗当大漠的苍茫点缀了蘑菇云的硝烟，当五星红旗升起在联合国的上空。是他，长空铸剑，吼出雄狮的愤怒；是他，以身许国，写下山河的颂歌。殷红热血，精忠报国，他是共和国忠诚的奠基人；鞠躬尽瘁，死而后已，他是中华民族不倒的脊梁！

〖示例二〗国难当前，方显英雄本色！为了一个坚定的信念，他面对重重困难，无所畏惧，勇往直前。站在选择面前，他毫不犹豫，愿以身许国，因为他心中怀有梅风傲骨，是龙的传人，这是不可动摇的内心、血液。为国家奉献出自己的一切，却又在众人面前不动声色，默默无闻。他，是忠义之大者。

3. 检测点：精读和分析言语形式，体会作者的思想感情。

参考答案：前文，散句居多，不用感叹号。后文，整句居多，多用感叹号，四字词语多，还用了排比修辞。崇敬之情逐渐汹涌起来，闻一多先生之"志"深深地感染了"我"。

4. 检测点：精读和分析，把握关键语句或段落，品味精彩文字的表现力。

参考答案：这三段运用语言描写、动作描写和细节描写，写鲁迅先生展读青年的信，写出鲁迅先生严格地要求他人，同时宽厚地对待他人，突出他对青年的关爱、和蔼可亲，表达对他的尊敬、爱戴、怀念之情。

5. 检测点：用现代汉语解释文言句子。

参考答案：读书人分别三天，就应另外擦拭眼睛用新眼光看待他。

6. 检测点：精读和分析文言句子的表现力。

参考答案：这一句运用语言描写，写吕蒙回应鲁肃对自己的惊叹和赞赏，写出吕蒙言辞文雅、得体以及他自称"读书人"的自豪、得意，突出表现吕蒙追求进步、勤于读书、从才疏学浅到才气俱佳,启示人们"读书能长才养气"。

7. 检测点:精读和分析文言短文的内容和形式,同时注意诵读与句读。

参考答案:B。

第二单元

| 单元教学目标 |

1. 学习精读的方法，感受本单元课文表现的家国情怀，调动自己的体验与想象。
2. 把握课文的抒情方式，体会作品的情境。
3. 揣摩课文的精彩段落和关键语句，学习做批注。

| 单元内容框架 |

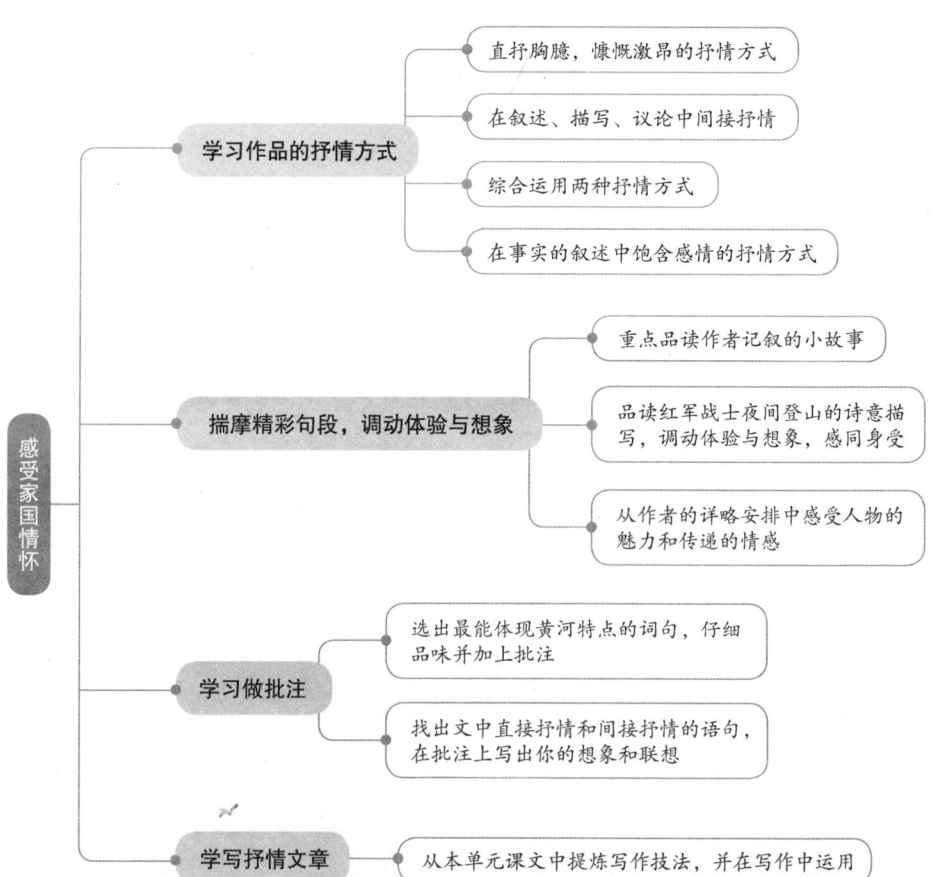

单元设计说明

本单元以家国情怀为主题,选编了五篇文学作品。家国情怀,是人类共有的一种朴素情感,它包含着热爱祖国、热爱家乡、愿意为保家卫国奉献自己的一切的思想感情。五篇作品表现不同时代的人民的家国情怀。《黄河颂》是光未然创作的组诗《黄河大合唱》的第二乐章,这首诗以颂歌的形式塑造黄河形象,反映抗日救亡的主题,歌颂中华民族的伟大精神。《老山界》是一篇回忆性散文,真实、生动地记叙了作者在长征中翻越"第一座难走的山"的经历,赞颂了红军英勇、坚强、乐观的精神品质。《谁是最可爱的人》是一篇通讯,记叙了志愿军战士在朝鲜战场上的英雄事迹,赞颂了他们的爱国情怀和革命英雄主义精神。《土地的誓言》是一篇抒情散文,抒发了作者对沦陷了十年的关东原野的怀念、赞美和甘愿为其牺牲一切的决心。《木兰诗》是一首南北朝民歌,诗中塑造了木兰女扮男装、代父从军、保卫国家的巾帼英雄形象。

本单元继续学习精读的方法,重点是要把握课文的抒情方式,体会作品的情境,感受作者的家国情怀。从抒情方式上来看,《黄河颂》主要是直抒胸臆,慷慨激昂;《老山界》则是在叙述、描写、议论中间接抒情;而《土地的誓言》综合运用两种抒情方式,既有运用呼告手法直接倾诉自己的情感方式,也有借助景物描写来间接抒情;《谁是最可爱的人》是在事实的叙述中饱含着作者的感情。

学习本单元课文,还要注重涵泳品味,细心揣摩课文的精彩段落和关键语句,调动学生的体验与想象,让学生沉浸到作品的情境中去感受作者的情感。如学习《谁是最可爱的人》,要重点品读作者记叙的三个故事,感受记叙中饱含的强烈情感;学习《老山界》,要结合作者对红军战士夜间登山的诗意描写,调动体验与想象,感同身受,由衷地发出对红军战士的赞叹之情;学习《木兰诗》,则要对诗中详写和略写的部分进行对比分析,从中感受人物的魅力和作者传递的情感。

学习做批注,是本单元的另一个学习重点,教学中可结合《黄河颂》《土地的誓言》《谁是最可爱的人》等抒情性文章,指导学生尝试分析式批注、概括式批注、评价式批注、感想式批注等多种批注类型,记下自己的读书体会。

5 黄河颂

光未然

一、教学目标与学习要素

(一) 教学目标

1. 能通过对关键字词的品析,感受诗中的黄河形象,领悟黄河所凝聚着的中华民族的伟大精神。
2. 能细心揣摩课文的精彩段落和关键语句,学会做批注。

(二) 学习要素

1. 黄河形象凝聚着中华民族的伟大精神。
2. 抓住文章最能体现黄河特点的语句,仔细品味并加上批注。

二、文本解读

(一) 课文整体解析

《黄河颂》是光未然创作的组诗《黄河大合唱》的第二乐章。《黄河大合唱》共有八个乐章,分别是:《黄河船夫曲》《黄河颂》《黄河之水天上来》《黄水谣》《河边对口曲》《黄河怨》《保卫黄河》《怒吼吧,黄河》。诗人将雄奇的想象与现实图景相交织,描绘出一幅波澜壮阔的历史画卷,刻画出黄河磅礴的气势,展现出黄河儿女的英雄气概和中华民族的伟大精神。

《黄河颂》在题材上属于颂诗。诗歌以抗日救亡为主题,借歌颂黄河来歌颂中华民族,激励中华儿女勇往直前,保卫黄河,保卫中国。诗歌第一节是朗诵词,第二节是歌词。诗人先以呼告的手法,开宗明义地说出了诗歌的主题——"向着黄河,唱出我们的赞歌"。第二节是全诗的主体部分,歌词的内容层次比较分明,"望黄河滚滚"的"望"字统领开头一段,而后面反复出现的"啊!黄河!"又将对黄河的赞颂分成了三个层次,依次是黄河养育、保卫、激励着中华民族,由实到虚,逐步深入。

《黄河颂》的语言节奏明快,音节洪亮,长短句结合,错落有致。在韵脚上,隔二三句押韵,形成了自然和谐的音律。

(二)重点语段细读

> 我站在高山之巅,
> 望黄河滚滚,
> 奔向东南。
> 惊涛澎湃,
> 掀起万丈狂澜;
> 浊流宛转,
> 结成九曲连环;
> 从昆仑山下
> 奔向黄海之边,
> 把中原大地
> 劈成南北两面。

这一段通过一个"望"字引出对黄河形象的描写。从这段文字中读出黄河雄伟的力量并不难,但要让初中生透过表面的描写,感悟文字背后蕴含的黄河的"英雄的气魄",则需要老师引导学生抓住诗中的关键字词,品味其中蕴含的情感。

开头一句"我站在高山之巅",诗人从居高临下视角起笔,气势夺人。"黄河滚滚,奔向东南",一个"奔"字写出了黄河奔涌的力量,这里运用了拟人化的写法,其深层意蕴在于表现了以黄河为代表的中华民族一往无前、不怕困难的精神。

"惊涛澎湃,掀起万丈狂澜"。"惊",有惊讶、震惊之意,这是旁观者的情感,侧面写出黄河的惊人气势。"澎湃"是对浪涛的细致描写,波浪撞击发出的巨大声响,极富气势。"掀"字写出了黄河浪涛力度很大,气势很足。"万丈"运用夸张手法,极言水浪之高。"狂",狂放,恣肆,不受拘束。这一句承接前一句,具体写黄河浪涛之汹涌,象征着革命力量的势不可挡。

"浊流宛转,结成九曲连环"。"浊流"给人一种厚重感,"宛转"意为曲折弯曲,说明不是很顺利,"结"有一种迂回往复之感,"九曲连环"极言曲折之多。这一句写出了黄河"厚重曲折"的特点,也预示着革命虽充满曲折,但向前的力量仍是不可阻挡的。

"从昆仑山下/奔向黄海之边"一句中,"奔"体现出一种一往无前的气势,"昆仑山下"和"黄海之边"写出距离之远,与"奔"字结合,显示出即便距离再远,也一往无前,可见其意志之坚定。

"把中原大地/劈成南北两面"这一句,"劈"体现力量之大、气势之足,而黄河能将极其广阔的"中原大地"劈成两面,足见其恢弘气势。而这恰恰也是中华民族团结抗战、英勇不屈、伟大而坚强的精神的生动写照。

三、教学过程

（一）导入

播放音乐《保卫黄河》,让学生在音乐中感受黄河的宏伟气势,奠定学习课文的情感基础。

（二）活动设计

▲ 活动设计一：激情诵黄河

1. 朗诵小达人：学生在组内逐一进行激情朗诵,评一评谁是"朗诵小达人"。

2. 达人大比拼：请每组的"朗诵小达人"选取自己喜欢的部分向全班展示。全班同学评分并作点评。发言者也可通过自己朗读来表达意见。

（朗读提示：①诗歌分为朗诵词和歌词两大部分,朗读时应该注意停顿,以示区别。②"我站在高山之巅,望黄河滚滚,奔向东南"一句总领下文,因此停顿要稍长。后面的四个分句注意重点词语"掀""结""奔""劈"的重读,且四句情感逐步上扬,以表现黄河的气势。③三个"啊"要读得深沉,声音稍稍延长,"黄河"要读得高昂,表明在歌颂。④最后的两句"像你一样的伟大坚强！"充满了战斗的决心,要读得铿锵有力。）

3. 天外有来客：聆听名家朗读《黄河颂》,思考诗歌写出了黄河的什么特点,表达了黄河的什么精神。(在课文中圈画出体现黄河精神的关键语句"伟大而又坚强"。)

4. 齐诵展雄威：全班齐读诗歌,展现黄河雄伟磅礴的气势。

5. 背景介绍：诗人光未然是在什么背景下创作的这首诗?

学生简介诗歌创作背景。

（资料链接：光未然写这首诗歌时,正值抗日战争全面爆发之后,日本侵略者的铁蹄践踏着华北大地,全国掀起了抗日救亡运动的高潮,许多进步的作家、艺术家开始通过自己创作的艺术形象来反映现实斗争,从而激发全国人民的抗日热情。1939年,诗人到延安后,配合音乐家冼星海创作了《黄河大合唱》八个乐章,此为其二。诗中雄奇的想象与现实的图景结合在一起,组成了一幅幅壮阔的历史画卷。)

▲ **活动设计二:深情赏黄河**

1. 诵词开场不一般。全诗分成朗诵词和歌词两大部分,朗诵词可以看作是一个序曲,它主要写了什么?有什么作用?

(学生圈画文中的关键语句,结合阅读提示,不难找到黄河的精神:"伟大而又坚强",作用是引出下文的颂歌。)

2. 遥望黄河有画面。歌词部分可分为望黄河和颂黄河,深情诵读望黄河语段,感悟黄河形象。

(1)绘制思维导图,揭示黄河形象。

示例:

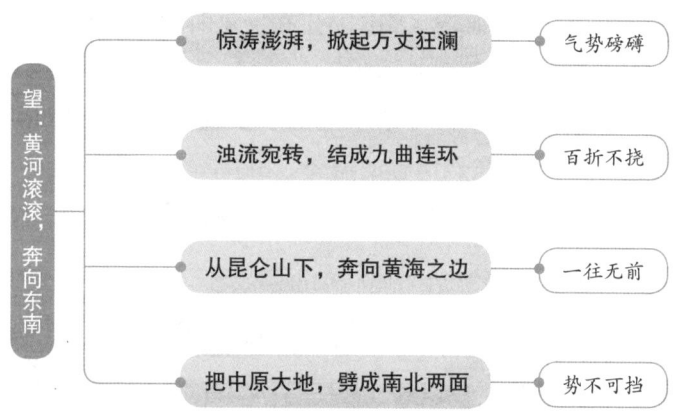

(2)参照本课的"批注示例",学作批注。

(提示:结合关键字词写批注,如"掀""结""奔""劈"等动词,"澎湃""宛转"等形容词。在写批注的过程中,学生可能会自然而然地提出黄河的象征意义的问题,这正好可作为下一学习活动的铺垫。)

(知识链接:批注主要是指在阅读的时候把读书感想、疑难问题等随手批写在书中的空白处。批注的类型有针对文章中的词句的分析式批注,有对文章的段落大意、中心思想的概括式批注,有针对文章精彩之处的评价式批注,还有对文章内容展开想象和联想的感想式批注。无论做哪种类型的批注,都要努力做到心有所感,言简意赅,生动传神。)

▲ 活动设计三：热情颂黄河

1. 绘制层次关系图。诵读颂黄河部分，绘制层次关系图，揭示黄河形象丰富的象征意义：

（问题导引：正是黄河这种雄浑壮阔、蜿蜒宏大的美，激起诗人澎湃的赞颂之情。请思考：这种赞颂之情，是通过哪个句子抒发出来的？分别赞美了黄河的哪些方面？学生小组合作，圈画文中的关键句"啊！黄河！"和"摇篮""屏障""精神"等关键词，据此概括出黄河养育中华民族文化和英雄、保卫中华民族的安全、激励中华民族精神三个层次。）

2. 分析诗歌语言形式。

（1）"啊！黄河！"在歌词中反复出现了三次，有何作用？三个层次的赞颂在朗读时要分别读出怎样的感情？

（要点：这句话反复出现，使歌词主体部分的层次更加清晰，三个层次应分别读出"深情""坚定""激昂"的感情。要让学生在反复朗读中体会。）

（2）合作探究诗歌的语言形式上的特点，比较前后的变化。

（要点：全诗长短句结合，以短句为主，又多以四字短语结束句子，节奏整齐，富有气势，满足了作者抒发强烈情感的需要。由"望黄河"到"颂黄河"，语言形式又从独白语言转为对话语言，增强了抒情力度，达到震撼人心的艺术效果。）

（三）课堂小结

《黄河颂》以它充满斗争性的激昂旋律与黄河般桀骜不驯的血性激励中华儿女与日寇英勇搏击，今天它仍然以其气势磅礴的史诗般的英雄气概感染着一代又一代人。革命烈士抛头颅、洒热血为我们换来了今天的幸福生活，但是，今天的中华民族还没有足够强大。所以，我们仍然要以黄河为榜样，学习它的伟大和坚强，团结起来，振兴中华！为使我们的民族跻身世界强国之林而奉献自己的力量。

（四）布置作业

积累拓展：本诗主要采用了直接抒情的抒情方式，直接抒发了热爱黄河的情感，充满雄浑豪迈之美。请从自己读过的诗歌中找出类似的一两例，进行比较阅读。

6　老山界

陆定一

一、教学目标与学习要素

(一) 教学目标

1. 梳理红军翻越老山界的经过,把握文章的叙事线索。
2. 品味文中的精彩语句,体会作者在记叙和描写中寄托的思想感情。
3. 感受文章所传达的精神品质,接受革命传统教育。

(二) 学习要素

1. 在记叙和描写中寄托思想感情的间接抒情方法。
2. 根据时间变化和地点转移来梳理文章叙事线索的阅读方法。
3. 回忆录的叙事视角的变化：集体视角和个体视角。

二、文本解读

(一) 课文整体解析

本文是回忆长征的经典名篇。1936 年 8 月,中央红军胜利到达陕北后,毛泽东和杨尚昆联名向红军将士发出征稿函："现……需要出版《长征记》,所以特发起集体创作,各人就自己所经历的战斗、行军、地方及部队工作,择其精彩有趣的写上若干片段。文字只求情通达意,不求钻研深奥,写上一段即是为红军作了募捐宣传,为红军扩大了国际影响。"这次征文得到了很多参加长征的同志的积极响应,陆定一就是其中之一。他创作了两篇纪实性的文章,其中一篇就是《老山界》。

本文是一篇回忆录,从叙述视角上来看,它采用的是第一人称限制性视角,其作者与叙述者("我")是重合的。《老山界》的视角,表面上看是作者陆定一,实际上是"集体视角"与"个人视角"的结合。

课文开头即用"我们"的视角来观察行踪,而这种集体视角在与瑶民攀谈的整个过程中也贯穿始终。直到从山脚下望"之"字形火把的奇观,集体视角又转变为个体视角——"这真是我生平没见过的奇观。"下文中夜宿半山、翻越雷公岩、继续爬陡山、到达山顶等场景,继续沿用"我"的个人视角进行叙事和描写。此后,从

"我们完成了任务"一直到结尾,叙述视角又变成了"我们"的集体视角。

从整体上看,"我们"的视角侧重于写作者所在的政治部宣传部的集体行为,而个人视角则侧重于个人的观察与感知。集体视角的使用,使得《老山界》成为红军的集体记忆文本,这一点也符合为红军"募捐宣传""扩大国际影响"的创作意图。而个人视角的叙述,又在宏大的集体叙述中保留了个人的珍贵记忆,展现了个人的感知与声音,尤其是夜宿半山片段的描写,成为全文中最精彩的一笔。

文章叙事精到,简洁生动,既能按照时间变化和空间转移的顺序来叙述主要事件,同时又很善于穿插,使得行文前后照应,既把事情的经过写得曲折而富有吸引力,同时也写出了长征大军中一个普通个体的真实感受。文章在精到的叙事中又穿插着很多生动的描写。这些描写一方面是写山势的险峻和翻山的困难,另一方面是写出红军的豪迈情怀。学习时要细心揣摩这些精彩的语句,涵泳品味,把自己"浸泡"在作品的氛围之中,调动起体验与想象,体会作品质朴、真实的语言中蕴含的深厚情感。

(二)重点语段细读

1. 下午才动身,沿着山沟向上走。前面不知道为什么走不动,等了好久,才走了几步又要停下来等。队伍挤得紧紧的,站累了,就在路旁坐下来,等前头喊着"走,走,走",就站起来再走。满望可以多走一段,可是走不了几步,又要停下来。天色晚了,肚子饿了,许多人烦得叫起来,骂起来。

老山界是红军"长征中所过的第一座难走的山"。开头的这段文字具体写出了山路的难走——路窄("沿着山沟向上走")、人多("队伍挤得紧紧的",可结合下文的"笨重"补充介绍背景资料)、人饿("天色晚了,肚子饿了,许多人烦得叫起来,骂起来")。但是这段文字与全文所要赞扬的红军战士的坚强意志、英勇精神和乐观的态度似乎有点矛盾,这里展现的恰恰是红军战士粗鲁、不文明的一面,与全文闪现的革命乐观主义精神似乎有点格格不入。作者为什么要这样写?学生可能会产生这样的疑问。

这里就要谈到秉笔实录的史性写法。本文是一篇回忆性质的文章,写实是回忆录的基本原则。而文中写到的"烦得叫起来,骂起来"就真实地写出了红军队伍中有一些性格糙、秉性直的"大老粗"的不文明言行。红军战士不是神,也是有血有肉有感情的人,遇到困难或对现实处境不满的时候难免也会爆粗口。这样的实写不仅没有损害红军战士的形象,反而使他们更接地气,显露真性情,使得文章显得更加真实可信。像这种情况,还有下文的"抢了一碗就吃"以及"累得走不动的时候,索性在地上躺一会儿",也写出了红军战士的真实与率性,展现了红军行军条件的苦、个人工作的忙、难以坚持的累和功到垂成的喜。

2. 天上闪烁的星星好像黑色幕上缀着的宝石,它跟我们这样地接近哪!黑的山峰像巨人一样矗立在面前。四围的山把这山谷包围得像一口井。

大自然的夜景是那样美妙,星星好像宝石缀在夜幕上。"缀"字传神而又具有立体感,好像人工装点在上面似的,突出夜之深、景之美,表现了作者的乐观主义精神和感受自然景色的丰富情感。用巨人矗立比喻眼前的山峰,用一口井比喻山谷,既突出了山势的险峻和连绵,又暗示了红军的艰难处境。"矗立",形象地说明困难像拦路虎阻挡在面前,但是直立、高耸的老山界阻挡不了红军北上抗日的决心,也改变不了他们的长征必胜的信念。

3. 耳朵里有不可捉摸的声响,极远的又是极近的,极洪大的又是极细切的,像春蚕在咀嚼桑叶,像野马在平原上奔驰,像山泉在呜咽,像波涛在澎湃。

这句话巧妙运用比喻、排比的修辞手法,调动多种感官,形象生动地描绘出瑰丽的山色夜景。视觉上,星星、山峰、山谷按照从上到下的顺序来布局。听觉上,"耳朵里有不可捉摸的声响"。极远的细切的声音,可是由于静,听起来仿佛近在咫尺,而且响亮宏大;极近的洪亮的声音,可能是由于山峰重叠,反响回荡,愈传愈远,愈变愈细。"像春蚕在咀嚼桑叶"时连续不断的细微声音,比喻战士们轻细的话语声,说明战士们被冻醒次数之多;"野马奔驰"写出半夜山风之大,又比喻寒风刺骨;"山泉呜咽"用拟人化手法形容山泉时断时续,又暗指山势崎岖;"波涛澎湃"形容林木被风刮动的声音。人声和大自然的声音交织在一起,烘托出夜色之深,夜景之美,透露出勃勃生机。寒夜被冻得无法入眠,却有这般雅兴去细细品味山间夜景,使得文章洋溢着革命乐观主义精神。

4. 难翻的老山界被我们这样笨重的队伍战胜了。

这句话出现在文章倒数第四段的末尾,位置不算显眼,作者也没有刻意强调。但"笨重"一词,学生应该是有疑问的。这里需要补充介绍一些背景知识。"笨重"一词实际上是有所指的,指的是长征开始一个阶段部队"大搬家",不堪重负。《长征史》一书对"大搬家"做了这样的诠释:"在组织上,'左'倾教条主义者在突围时采取了'大搬家'的错误方式。部队、机关没有进行精简、轻装,而且组织了庞大的中央军委纵队和后方机关,机构臃肿,非战斗人众多,又携带了许多辎重,几千副担子,一大批运载骡马,携带着各种'坛坛罐罐',连笨重的制造机械、印刷书报的机器、造币厂设备、X光机和需要七八个人抬的大炮底盘等等,一起带走。……这与其说是一次军事行动,不如说更像一次'搬家'。由于这样,部队拥挤不堪,行动迟缓,大批的战斗队变成了掩护队。""笨重"一词恰恰反映当时老山界的红军部队不是轻装行军,队伍里有伤员、病员以及马匹装备等,文章开头说到"队伍挤得紧紧的",正是因为队伍的"笨重"所致。而战士们的厌烦和叫骂,与当时在党内占据统治地位的"左"倾教条主义者的错误决策导致艰难险阻的加剧或有一定的关系。但是,这样"笨重"的队伍最终却成功翻越了长征途中"第一座难走的山",更加能突出红军的坚强意志和英勇精神。

三、教学过程

第一课时

(一) 课时目标

1. 梳理红军翻越老山界的经过,把握文章的叙事线索。
2. 感受文章所传达的精神品质,接受革命传统教育。

(二) 导入

1. 师生齐背毛泽东的《七律·长征》,想一想:毛主席在诗词中把红军翻越险峻的大山比作是什么呢?(走泥丸、腾细浪。)
2. 结合毛主席的诗和课前查找的资料,介绍红军二万五千里长征,引入对新课的学习。

今天,就让我们一起学习《老山界》这篇课文,来了解红军又是怎样翻越长征路上第一座"难走的山"的。

(三) 活动设计

▲ **活动设计一:整体感知,梳理叙事线索**

1. 学生用简要的语言复述课文。
2. 结合课文标题,用一句简洁的话概括文章内容。
(红军长征途中翻越老山界。)
3. 在文中找出表明时间、地点的词句,完成表格内容。

	时间	地点	人物	活动
第一天	下午			
	（天晚）	瑶民家	瑶家大嫂	攀谈，吃粥
	天黑			
	（夜里）			
	（半夜）			
第二天	（黎明）			
	下午两点多			

说明：表格中括号中的文字，是需要学生填写的。

4. 本文是按照什么顺序来组织材料的？

（时间的推移，空间的转换。）

▲ **活动设计二：合作交流，归纳关键信息**

1. 作文在课文最后一小节评价老山界是"难走的山"，通读全文，找一找：红军翻山时经历了哪些困难？

示例（板书）：

走路难：山路险峻、队伍笨重。

睡觉难：路窄石硬、寒气刺骨。

吃饭难：粮食缺乏、肚中饥饿。

处境难：敌人追击、枪声密集。

2. 红军是怎样克服这些困难的呢？

示例（在上面的板书上补充）：

走路难：山路险峻、队伍笨重→打趣逗笑、奋勇登山。

睡觉难：路窄石硬、寒气刺骨→酣然入梦、观赏夜景。

吃饭难：粮食缺乏、肚中饥饿→鼓着勇气、继续前进。

处境难：敌人追击、枪声密集→毫不畏惧、嘲笑敌机。

3. 这表现了红军战士怎样的精神品格？

（不怕艰难险阻的顽强意志和革命乐观主义精神。）

（四）课堂小结

本节课我们梳理了文章的叙事线索，分析了老山界"难走"的具体表现，初步感受到红军战士不怕艰难险阻的顽强意志和革命乐观主义精神。下一节课我们将运用精读的方法,对课文的语言文字进行细致的品析。

(五) 布置作业

1. 文中有不少生动、细腻的描写,请从文中找出一两处,做一些批注。
2. 配套练习册第1、3题。

第二课时

(一) 课时目标

1. 品味文中的精彩语句,体会作者在记叙和描写中寄托的思想感情。
2. 初步掌握叙事性文本的赏析方法。

(二) 导入

上一节课我们对全文的叙事线索进行了梳理,分析了老山界"难走"的具体表现。这节课,我们将深入品析文章的语言文字,从语言中去挖掘作品的深刻思想内涵,感受作者的思想情怀。

(三) 活动设计

▲ 活动设计一:绘声绘色,学习文章语言

1. 绘景:"满天都是星光,火把也亮起来了。从山脚向上望,只见火把排成许多'之'字形,一直连到天上,跟星光接起来,分不出是火把还是星星。这真是我生平没见过的奇观。"

(1) 为"奇观"命名。
(2) 用几个比喻把你感受到的"奇"描绘出来。
(3) 讨论:奇景的背后是什么?
(4) 文中还有哪些奇景?用上述步骤向同学介绍。

如:

"半夜里,忽然醒来,才觉得寒气逼人,刺入肌骨,浑身打着颤。把毯子卷得更紧些,把身子蜷起来,还是睡不着。天上闪烁的星星好像黑色幕上缀着的宝石,它跟我们这样的接近哪!黑的山峰像巨人一样矗立在面前。四围的山把这山谷围得像一口井。"

"路上有几处景致很好,浓密的树林里,银子似的泉水流下山去,清得透底。"

2. 绘声:"极远的又是极近的,极洪大的又是极细切的,像春蚕在咀嚼桑叶,像野马在平原上奔驰,像山泉在呜咽,像波涛在澎湃。"

我是拟音师——

(1)声音归位:"极远的""极近的""洪大的""细切的"分别指什么?

(2)组合:"极远的又是极近的"是怎么回事?

(3)思考:写出了作者怎样的感受?

我是配音师——

(1)在下面句子前面加一个语气词,让这些话更有味道:

"不要掉队呀!"

"不要落后做乌龟呀!"

"我们顶着天啦!"

(2)这段对话体现出红军战士怎样的情怀?请为他们配一段内心独白。

小结:作者以生动的景物描写,有声有色地把红军战士的高昂斗志、豪言壮语、畅快心情表现出来,渲染他们顽强不屈的斗志和艰苦乐观的情绪,从而表现了他们的精神面貌。

▲ 活动设计二:质疑探究,解析言语"矛盾"

1. 矛盾点一:12 段描写了红军夜晚爬山的"奇观",18 段为什么还要继续描写红军爬山的景象?删去这段描写行不行?

解析路径:

(1)18 段写了什么?

(2)18 段与 12 段有何区别和联系?

(3)有何效果?

明确:不能删。这段描写是第 12 段夜景的补充,它通过作者的动作和感受——"一步一步地上去","向上看","向下看",进一步写出了山势的险峻陡峭,更加衬托出了红军战胜困难的信心和决心。

2. 矛盾点二:在"半夜露宿"这一部分,作者交代说战士们是"横着心躺下去",但又说"一会儿就酣然入睡了",这两者是否矛盾?

解析路径:

(1)为什么要"横着心"?

(2)"一会儿就"说明了什么？

(3)这对"矛盾"实质上反映了战士们置生死于度外、从容镇定、坦然的襟怀。

3. 全文所要赞扬的是红军战士的坚强意志、英勇精神和乐观态度，但文章开头却写到"许多人烦得叫起来，骂起来"，你怎样理解这样的写法？

解析路径：学习秉笔实录的史性写法。

4. 登上山顶后，作者说"难翻的老山界被我们这样笨重的队伍战胜了"，既然是登山，应该要"轻装上阵"，为什么这支队伍却是"笨重"的呢？

解析路径：

(1)理解"笨重"在文中的意思。

(2)了解相关的背景知识。

5. 作者在文中细致地描写了翻越老山界的艰难，可是在最后一段，作者又说"老山界的困难，比起这些地方来，还是小得很"。作者这样写的目的是什么？

解析路径：分析归纳回忆录的叙述视角及其作用。

(四) 课堂小结

1. 叙事性文本赏析方法归纳

(1)扣词语：生动传神的动词、富有表现力的形容词。

(2)抓修辞：生动形象的比喻、拟人等修辞手法。

(3)找角度：从哪一角度表现的。

(4)析内容：表现了写作对象的什么特点。

(5)悟情感：表现出作者怎样的感情。

2. 写景方法小结

抓住特征、运用感官、注意顺序、情景交融。

文章的结尾，作者说："老山界是我们长征中所过的第一座难走的山。但是我们走过了金沙江、大渡河、雪山、草地以后，才觉得老山界的困难，比起这些地方来，还是小得很。"而跟红军长征的困难相比，我们学习中遇到的困难更加是"小巫见大巫"了，让我们学习红军豪迈乐观的精神，努力战胜学习上的小困难，取得学业的进步。

(五) 布置作业

积累拓展：课外阅读反映红军长征的文章，如杨得志《大渡河畔英雄多》、杨成武《越过夹金山，意外会亲人》等，进一步加深对这段历史的认识。

7　谁是最可爱的人

魏　巍

一、教学目标与学习要素

（一）教学目标

1. 把握文章记叙的志愿军战士的英雄事迹，理解志愿军战士的崇高品质。
2. 运用圈点勾画、摘录和做批注等方法深入品析文章，学习文章叙述、抒情的手法。
3. 继承和发扬爱国主义、国际主义和革命英雄主义精神，增强民族自豪感。

（二）学习要素

1. 强烈的抒情和精切的议论鲜明地呈现文章的中心思想。
2. 运用批注抓住文中重点语句深入品析的方法。
3. 设问句和反问句的运用引发读者的共鸣。

二、文本解读

（一）课文整体解析

本文是作者随中国人民志愿军赴朝鲜采访后写的一篇通讯，发表在1951年4月11日的《人民日报》上。文章写的是1950—1951年抗美援朝战争在最艰苦的阶段时，志愿军战士英勇反击美国侵略军的英雄事迹。这篇通讯同时具有新闻性和鲜明的文学性，故事性强、情感充沛，综合运用了小说的人物描写手法、散文的直抒胸臆和诗歌的语言表达，可读性很强。正因为其突出的文学性特征，使这篇通讯的新闻性随时间淡化之后，其文体归类为文学体裁中的散文，成为一篇流传后世的不朽的当代文学经典。

作者善于把镜头聚焦在人物形象闪烁耀眼的光芒的瞬间，展示他们的内在美。在写《谁是最可爱的人》时，他从众多的英雄事例中精选了五个事例，最终保留了三个典型事例，从对人民爱、对敌人恨、对祖国忠三个角度展现了志愿军的高贵品质，如同三个特写镜头，强化和渲染了人物的光彩形象和精神品格。

文章运用了第一人称的写法，使得文章既能客观呈现新闻所需的事实，又能以"我"的口吻陈述观点、展开议论、抒发情感、做出评价。其中,"我"的观点、评价和情感首尾呼应,贯穿全文,使得文章的中心思想能鲜明地呈现出来;而作者讲述和转述的事实中也饱含着感情,使得文章叙事、抒情、议论紧密结合,浑然一体,从而产生震撼人心的艺术力量。

(二) 重点语段细读

1. 如何理解文中的设问和反问的语句,如:

① 谁是我们最可爱的人呢? 我们的战士,我感到他们是最可爱的人。

② 你不觉得我们的战士是可爱的吗? 你不以我们的祖国有这样的英雄而自豪吗?

①是设问句,②是反问句,这两种问句都是无疑而问,设问以引起读者注意,反问用来加强语气。设问是作者自问自答,答案在下文;反问无需回答,答案即为问话的反面。文中的设问句和反问句,都强调了语句本身所要表达的观点,给读者留下更深刻、更鲜明的印象。作者用设问与读者进行情感交流,引导读者思考;用反问帮助读者加强认识,促进感情升华。反问和设问的交替使用极好地感染了读者,使读者与作者认识统一,感情共鸣。文中还有多处这样的用法,学习时要带领学生多品味。

2. 有抱住敌人腰的,有抱住敌人头的,有掐住敌人脖子把敌人摁倒在地上的,和敌人倒在一起,烧在一起。

"抱""掐""摁"等词语用得准确生动,感情色彩鲜明,表现战士与敌人拼死相搏的场景,而"倒在一起,烧在一起"更是定格了志愿军战士与敌人同归于尽的壮烈场面,充分表达了志愿军战士对敌人的恨,本段中的其余描写也具有这样的效果。这些描写具体细腻,准确、鲜明地描绘出一幅壮烈的场景,具有极强的震撼力。

3. 他们是历史上、世界上第一流的战士,第一流的人! 他们是世界上一切伟大人民的优秀之花,是我们值得骄傲的祖国之花!

"第一流……第一流……""……之花……之花"的反复,像连续敲击的重音符,高度赞扬了志愿军战士为民吃苦、为国献身的高尚品质和崇高的精神境界,同时也表达出他们对历史和世界的贡献之大,激发读者为志愿军战士而自豪的情怀。作者用饱含感情的赞颂引起读者强烈的情感共鸣。

三、教学过程

••• 第一课时 •••

(一) 课时目标

1. 把握文章记叙的志愿军所展示的英雄事迹,理解志愿军所展示的崇高品质。

2. 运用圈点勾画、摘录和做批注等方法深入品析文章。

(二) 导入

欣赏《中国人民志愿军战歌》,幻灯片出示歌词,感受志愿军所展示的英勇豪迈,奠定良好的情感基础。

(三) 活动设计

▲ 活动设计一:志愿军纪念馆策划

依据本文内容,结合其他相关资料,设计一个志愿军纪念馆展馆设计方案。

1. 为展馆确定一个展览主题。

(提示:本文的题目可作为重要参考。)

2. 为展馆写一个前言。

(提示:需从文中提取的关键信息——志愿军战士的最本质的特点。)

3. 如果以文中三则故事为依托,可以开设哪些展区?

(示例:松骨峰战斗、火中救小孩、防空洞谈话。)

4. 讲一个英雄故事。

假如你是展馆讲解员,请选择文中的一个故事,跟组内的同学讲一讲。

(提示:①必须把记叙的要素(时间、地点、人物)以及时间紧迫、任务艰险的状况讲清楚。②叙述战斗过程时,注意通过人数、装备的对比表现战士的英勇无畏,特别是要把志愿军战士与敌人展开肉搏的壮烈情景具体形象地讲出来。③重点复述两个场面:直接叙述描写战士搏杀的场面;引述营长的话,间接描写战后战场上壮烈的场面。④讲故事时声调要缓慢,感情要深沉。)

5. 原文大放送。

将你讲述的故事与作者的原文比一比,看一看原文还有哪些亮点是你没发现的。

以下内容可分工由各组同时完成:

(1) 再读"松骨峰战斗",圈画文中的动词,体会这些词语的表达作用,并尝试写批注。

(2) 朗读"火中救小孩",画出环境、心理、动作描写的语句,想一想:马玉祥为什么要救这个与自己非亲非故的朝鲜小孩?他是怎样救出朝鲜小孩的?

(3) 分角色朗读"防空洞谈话",注意战士回答时的神态、语气和感情。说一说三个回答表现了他哪些思想品格?(从文本中寻找答案,要抓住战士的三"笑"一"兴奋"。)

(4) 连连看。作者通过三个事例表现了战士是最可爱的人,请将三个事例与第3段排比句所列举的特点一一对应起来。

品质	松骨峰战斗
意志	火中救小孩
气质、胸怀	防空洞谈话

6. 拓展展区。

(1) 根据你所了解的资料,你觉得在这三个展区之外,还可以增设哪些展区?

(2) 在朝鲜战场上,我们的战士都是这样的可爱,可歌可泣的英雄事迹还有很多,如黄继光堵机枪、邱少云烈火焚身纹丝不动、罗盛教舍身抢救落水儿童等被广为传诵,作者为什么不把这些事迹都写进去,而只选取这三个事例来表现战士的可爱呢?

学生讨论交流,教师适时点拨,并补充文章写作背景及作者的相关言论。

明确:魏巍说"例子堆得太多了,好像记账,哪一个也说不清楚,不充分。用最能代表一般的典型例子来说明本质的东西,给人的印象是清楚明白的,也是突出的"。"松骨峰战斗"表现战士坚韧刚强的意志,"火中救小孩"表现战士纯洁高尚的品质,"防空洞谈话"则表现战士淳朴谦逊的气质、美丽宽广的胸怀,这三个例子就是最能表现战士可爱的典型例子,这体现了选材典型性的特点。

(3) 既然这三个事例都有典型性,那么文中安排这三个例子的顺序能否改变呢?请说出理由。

这个问题具有一定的难度,可继续采用小组合作学习的方式,教师巡回指导。

明确:不能改变。志愿军战士出国的目的是"抗美援朝,保家卫国",打击侵略者是他们最大的任务,"松骨峰战斗"是这神圣任务的具体体现,表现了志愿军战士的革命英雄主义精神,所以应放在首位来写。"火中救小孩"写的是战争的另一侧面,是志愿军战士对朝鲜人民的具体援助,战士对朝鲜人民的这种爱,超越了国界,超越了亲情,是纯洁高尚的爱,是国际主义精神的高度体现,与第一个事例相比,就其意义而言,自然应当放在第二位。前面这两个事例主要写英雄的行为美,后一个事例则揭示志愿军战士的心灵美,它是产生英雄行为的思想基础,表现了志愿军战士的爱国主义精神,所以放在最后来写。

7. 评论留言区。

参观完了展馆,你有什么感想,请你在留言区写下来。

(四) 课堂小结

本节课我们通过展馆策划这个活动初步了解了本文的主要内容,重点品读了三个事例。三个故事的场面中有壮烈的英雄群象,有个人的英勇行为,也有问答式的内心倾诉,从不同的角度揭示了"谁是最可爱的人"这一中心。围绕中心,精心地、多侧面多角度地选取典型事例,就是这篇通讯在选材方面给予我们的启示。下节课,我们将继续就这种写法进行深入学习,还将分析其他语段的文字。

(五) 布置作业

1. 作者在叙述事件时,既用自己的语言进行叙述,又不时引用受访者的话。结合文中相关例子,体会这种写法的表达效果。

2. 本文具有强烈的抒情色彩,不仅在事实的记叙中饱含感情,有些段落更集中运用了抒情、议论的表达方式,找出这些段落,有感情地朗读,并从人称、句式和修辞手法等方面体会其抒情效果。

第二课时

(一) 课时目标

1. 学习文章叙述、抒情的手法。
2. 继承和发扬爱国主义、国际主义和革命英雄主义精神,增强民族自豪感。

(二) 导入

上节课我们分析了这篇通讯精选典型事例的特色。对典型事例还需要运用多种表达方式,选择恰当写法,以求最高的效果。在对三个事例的叙述、描写中,作者就交替运用了直接描述和引用被采访人的描述两种方法。

（三）活动设计

▲ **活动设计一：找不同**

1. 分别指名朗读事例一，复述事例二，表演事例三。

2. 圈画三个事例中的直接描述和引用被采访人描述的相关语句，简要分析三个故事在写法上的异同。

松骨峰战斗：战斗过程直接描述，显示战士的壮烈勇猛；战后阵地概括引述，表现战士对敌人的刻骨仇恨；烈士姓名直接引述，表达对烈士的崇敬悼念之情；营长感受直接引述，展现战士的伟大可爱。

火中救小孩：介绍马玉祥，直接描述，展现战士的淳朴可爱；回答提问，直接引述，表明战士心头爱、恨交织；火场情景，直接描写，展现危险环境；救人情景和当时心情，全是直接引述，既展示奋不顾身的行为，又体现纯洁高尚的心灵。

防空洞谈话：战士三次回答提问，每次都是在直接引述原话中交叉进行神态动作的描写，使战士淳朴谦逊的气质和美丽宽广的胸怀交相辉映，感人至深。

3. 思考归纳：交替运用两种不同写法的好处。

直接引述描写，故事情节清晰，文字简洁明快；引述被采访人谈话，真实可信，其中多数为直录谈话，集中展示人物内心，真切深挚。二者结合，行文生动，中心突出，非常切合通讯体裁。

▲ **活动设计二：表达方式大盘点**

1. 三个事例的叙述语言精当，富有表现力，饱含感情。但这还不够，文章还综合运用了议论、抒情等表达方式，找一找，体会其表达效果。

（1）圈画相关的语句和段落。

事例间的议论、抒情：第8段、9段、12段、14段。

开头、结尾的议论、抒情：第1—3段、15段(结尾段)。

（2）分析事例间的议论、抒情及表达效果。

提示：

第8段紧承第7段营长的话，作者在亲切呼唤"朋友"之后马上问"你的感想"，紧接着以两个反问句回答，热诚地抒发自己的感受。对"朋友"的提问变成了作者的设问，抒情的回答成了鲜明的见解，呼唤着读者的同感。

第12段、14段。它们都是对一个事例的总结。这种抒情议论，从结构上说，标志着一个事例描述的结束;从内容上看,感染读者,使读者与作者认识统一,感情共鸣。

第8、12两段大体相同,但也有不同。12段只回答了一句,而这一句比第8段多了一个"最"字,感情深入一步,靠近题目。有了这一句的深入,第二句反问便不言而喻,无须再答了。

处在第三个事例之后的第14段,内容更丰厚,感情更炽烈。"美丽和宽广"是对"最可爱"内在的揭示;"第一流""优秀"是对"最可爱"恰如其分的评价;"历史上"、"世界上"分别在时间、空间上做了最大限定;"一切伟大人民的"对"优秀之花"的世界价值做了明确肯定。这些议论句融入了炽烈感情,紧紧扣住并阐发了"最可爱的人"。连续四个感叹句,或隐或显地抒发了骄傲与自豪之情,揭示出"最可爱"的意义所在:可爱在爱国情怀,可爱在世界意义。

三个事例是基础,真切扎实;议论抒情在记叙描写的基础上阐发升华,使读者更深刻地了解事例意义,使感情层层激荡,推向高潮。

(3) 分析开头、结尾的议论、抒情,画层次关系图。

提示:

开头一段抒写在朝鲜的感受,笔触集中到"最可爱的人",呼唤着读者随之一同追寻。第二段设问点题,紧接着明确回答,点明中心。第三段针对误解予以解释,议论语句从四个方面评价了我们的战士。他们的平凡中包蕴着纯洁高尚的品质和坚韧刚强的意志,他们的气质淳朴谦逊,他们的胸怀美丽宽广。这四方面评价总括了下文事例。四个评析,三个事例,各有侧重,又不能截然分开,第四点又有总括作用。总之,有所议,就必有所记来支撑,来证明;有所记,就必有所议来阐发,来总括。这是本文的特点,也是行文的规律。

首尾都强调"战士"是"最可爱的人",扣住题目,在内容上遥相呼应,首尾都呼唤"朋友",表现出一种情感、思想交流的意向,在感情上遥相呼应。开头点出朝鲜战场,结尾描绘祖国和平生活,进而点明幸福缘由,形成一种因果的呼应。开头是对全文的总括,着重谈自己感受,抒个人感情;结尾是全文的总结,读者已有切实了解,着重为读者设身处地,激发读者感情,从而使结尾更深入一步。

2. 作者在叙述事件时,既用自己的语言进行叙述,又不时引用受访者的话。结合文中相关例子,体会这种写法的表达效果。

(1) 圈画文中相关的语句,作批注。

(2) 小组交流,教师适时点拨,引导学生结合三个事例的叙述作具体分析。

小结：用作者自己的语言进行叙述，有利于集中笔墨发展情节；引用被采访人的话，有利于真切展现人物的内心世界，并增加文字的可信度；二者结合，使得叙述错落变化，既典型又生动。

3. 本文除了综合运用多种表达方式之外，还大量运用了反问、设问句式以及比喻、排比、反复等修辞手法。试找出一两例，分析其表达效果。

需重点关注的语句：

（1）谁是我们最可爱的人呢？我们的战士，我感到他们是最可爱的人。

（2）你不觉得我们的战士是可爱的吗？你不以我们的祖国有这样的英雄而自豪吗？

（3）他们是历史上、世界上第一流的战士，第一流的人！他们是世界上一切伟大人民的优秀之花，是我们值得骄傲的祖国之花！

（4）他长着一副微黑透红的脸膛儿，高高的个儿，站在那儿，像秋天田野里一株红高粱那样淳朴可爱。

（四）课堂小结

本文真实地报道了中国人民志愿军在抗美援朝中的英雄事迹，赞扬了志愿军战士的革命英雄主义精神、强烈的国际主义精神和爱国主义精神。作者精心选材，巧妙构思，综合运用记叙、抒情、议论等多种表达方式，并且倾注了自己的热爱赞美之情，用神来之笔讴歌了新时代最可爱的人。

（五）布置作业

学习本文写人的方法，写一写你身边"最可爱的人"，300字左右。

8 土地的誓言

端木蕻良

一、教学目标与学习要素

（一）教学目标

1. 理解作者对故乡挚痛的热爱之情和强烈的爱国情怀。
2. 学习课文的抒情方式，能说出自己的认识和体会。

（二）学习要素

1. 以倾诉式的语言表达激情的抒情方式。
2. 通过有特色、有意味的景物表达情感的抒情方法。

二、教学建议

《土地的誓言》是东北作家群代表人物端木蕻良的一篇抒情散文，写于"九一八"事变十周年之际。本文体现了端木蕻良浓郁的抒情风格与独特的抒情方式，作者用热烈的语言、丰富的想象与回忆，表达出内心不可遏制的、"泛滥"的热情。呼告的手法、大量故乡景物的铺陈以及排比句的使用，都是教学时需要重点关注的。

这篇文章对七年级学生而言，理解起来有一定的难度，关键在于理解和把握文中众多鲜明的、富有地域特色的意象以及热烈奔放的语言所传递的激越情感。作为自读课文，这篇文章很适合朗读，要采用多种方式反复朗读课文，在朗读中感受、体悟作者强烈的爱国情感。

首先要引导学生联系课文的写作背景，揣摩精彩语句和段落，理解作品对沦陷了的美丽丰饶的东北大地炽热的眷恋之情，感受充溢在字里行间的深沉的爱国热情。

其次要引导学生从多个角度感受课文独特的抒情方式。如，以倾诉式的语言表达激情，通过有特色、有意味的景物表达情感，在语言的反复中渲染和强化情感，大量运用排比造成连贯的、逐渐增强的气势。

本文是一篇抒情散文，教学时可采用自由读、范读、领读、齐读、配乐诵读、表演诵读等多种方式反复朗读课文，体味作者饱满、深沉、炽烈的家国情怀。还要引导学生想象体味文中的意象,在头脑中再现一个美丽富饶的关东原野。同时要充分关注课文语言形式上的特色及其表达情感的作用。

三、教学过程

(一) 导入

播放歌曲《松花江上》,请学生认真聆听旋律和歌词,交流听后的体会。教师借机引入对本文的写作背景介绍。

明确:题目中的"誓言"是作者对土地发出的,意为"面对土地发出的誓言",而不是"土地自己发出的誓言"。作者拟写标题时,删繁就简,将"土地"置于最醒目的位置,"土地"也恰恰是本文的重点。在了解题目基本意思的基础上,可追加提问:"土地"在课文中有几层含义?誓言的具体内容是什么?让学生带着问题去朗读课文。

(二) 活动设计

▲ 活动设计一:朗读课文,整体感知

1. 教师配乐范读全文。学生听读正音,在课文里把重要字词圈画出来。
2. 学生自读课文,注意前后两段内容的不同、情感的区别。
3. 请朗读水平较好的同学配乐朗读。

(朗读提示:第一段,读出一种思念之情,一种热血沸腾;第二段,读出一种回忆之感,一种坚定誓言。)

4. 小组合作,自由练读,重点注意语调、语速、停顿、重音方面,读出深挚情感。

▲ 活动设计二:理解土地,把握内涵

1. 学生自读课文,圈画出文中描写故乡土地的文字。
2. 小组合作,用"这是一方……的土地,因为这里……"进行说话练习。

指导要点:学生所填的词要准确恰当;所找的原因要与所填的词语相匹配。

▲ 活动设计三:分析写法,探究主旨

1. 在文中圈画出自己深受触动的词句或看似反常的表达,组内交流你的理解和体会。
2. 教师巡回指导,请学生代表全班交流。

需引导分析的重点内容:

（1）关于题目的深层含义的理解。"土地"在文中有三层含义：首先是指丰饶美丽的关东原野，其次是指"九一八"事变后沦陷的故乡，最后，土地的含义还可延伸到遭受日寇侵略的祖国。而誓言的具体内容是"我"一定要回到她的身边，我愿意付出一切代价去解放她，恢复她美丽的容颜。题目在文中有着象征意义。"土地"象征着故乡和祖国，同时又揭示了文章的中心——对故乡和祖国的眷恋和热爱。

（2）"当我……，当我……，当我……""我想起……，我看见……，我听见……"等排比句式的使用，造成连贯的、逐渐增强的气势。铺陈了许多富于东北生活气息的形象，像电影特写镜头一样，叠现出家乡一幅幅动人的画面，展现出东北大地的富饶美丽，表达出作者对故乡的热爱和眷恋。

（3）关于"我常常感到它在泛滥着一种热情"句中的"泛滥"一词的理解。"泛滥"一词贬义褒用，含义丰富。其本义是："江河湖海的水溢出，四处流淌"，又引申为"思想、事物到处扩散"。用在此处，正好和前一句"我的心还在喷涌着血液吧"中的"喷涌"相呼应。再联系到后文许多富有东北生活气息的形象的铺陈，也给人一种目不暇接的感觉。"泛滥"一词用在此处，表达出作者对故乡不可遏止的强烈情感和渴望尽快回归故乡的迫切心情。其中还隐含着对故乡惨遭践踏的悲痛，以及对侵略者的罪恶行径的憎恨。

（4）"在那田垄里埋葬过我的欢笑"中的"埋葬"一词同样值得深究。"埋葬"一词本义是"掩埋尸体"，"消灭"，"掩埋或遮掩某样东西"，似与"欢笑"无法搭配。但联系本文的写作背景——作者已被迫离乡整整十年，故园沦丧，欢笑不存，而今只有悲愤，则不难理解，这里写"欢笑"被"埋葬"，正是表达对欢笑早已"死去"的哀伤和悲愤。

（5）"没有人能够忘记她。我必定为她而战斗到底。土地，原野，我的家乡，你必须被解放！你必须站立！"将土地比作母亲、将倾诉对象拟人化，人称发生变化，并运用呼告的修辞手法，直接对土地母亲倾诉自己的热爱、怀想、眷念，情感更加炽热直接。

小结："月是故乡明"，作者写自己的故乡，倾注了自己所有的热情。以倾诉式的语言表达激情，通过有特色、有意味的景物表达情感，在语言的反复中渲染和强化情感，大量运用排比造成连贯的、逐渐增强的气势。

（三）课堂小结

作者通过描写东北大地丰富的物产、美丽的景色，回忆自己在那片土地上经历的美好往事,发出了铮铮誓言,表达了作者对故乡的热爱和眷恋之情,同时也表达了对祖国饱满而深沉的热爱。在我们这片洒满热血的土地上,我们也应发出自己的誓言!

(四) 布置作业

以"我爱这土地"为题,写一段描写故乡景物的文字,表达爱家乡、爱祖国的情感,300字左右。

9 木兰诗

一、教学目标与学习要素

(一) 教学目标

1. 反复朗读诗歌,体会诗歌刚健明朗、质朴生动的民歌情味。
2. 从诗歌的铺陈反复的语言和详略安排中,把握人物形象的特点,感受人物的魅力。

(二) 学习要素

1. 乐府民歌的刚健明朗、质朴生动的风格与情味。
2. 诗歌的详略安排突出作者的创作目的。
3. 复沓、排比、比喻、夸张、互文等修辞方法对于渲染气氛、烘托人物形象的作用。

二、文本解读

(一) 课文整体解析

《木兰诗》是一首北朝民歌,记述了木兰女扮男装、代父从军的故事。全诗以"木兰是女郎"来构思木兰的传奇故事,在繁简安排方面极具匠心。诗歌虽为战争题材,但着墨较多的却是生活场景和儿女情态。如木兰织布时的心理活动、战前的准备,奔赴战场途中的心理活动,回家后的欢乐场景,对镜梳妆时的欣喜等内容,都刻画得细致入微。而对木兰军旅生涯和战斗过程的描写,则只用了寥寥几句就交代完了。

作者之所以在文本的详略上作这样的安排,正是为了突出其创作目的。这首诗所要突出的是木兰孝敬父母、勇担重任的女儿郎形象,因此对残酷的战争过程只是一笔带过,而对能够反映木兰女儿情态和美好心灵的内容则不惜笔墨,细致描绘。这其中也暗含着作者对美好生活的向往、对战争的疏远。作者笔下的木兰不是一个抽象的"女英雄"形象,而是一个有血有肉的普通少女。但当她不得不承担起"代父从军"的责任时,她又义无反顾地奔赴疆场,为国杀敌。可以说,突出木兰的女儿身份,不仅没有削弱她的英雄形象,反而使得她代父从军的故事更具有传奇色彩,更能引人入胜。

诗歌具有浓郁的民歌特色,艺术感染力极强。诗中以人物问答来刻画人物心理,以铺陈排比来描述行为情态,以风趣的比喻来收束全诗,诗中复沓、排比、比喻、夸张、互文等修辞方法,都起着渲染气氛、烘托人物形象的作用,使这首诗的人物刻画、感情意蕴、音韵节奏等都具有浓郁的民歌情味,读来令人回味无穷,增强了艺术感染力。

(二) 重点语段细读

1. 唧唧复唧唧,木兰当户织。不闻机杼声,唯闻女叹息。问女何所思,问女何所忆。女亦无所思,女亦无所忆。

"唧唧复唧唧,木兰当户织",描写的是木兰边织布边叹息的场景。"唧唧"这一双音叠词反复连用,"唧唧"摹拟人物的叹息声。当户而织,本应听到的是织布声,但听到的却是木兰的叹息声,两个叠声词"唧唧"连用,形象地写出了木兰此时的叹息之重。"不闻机杼声",暗示木兰此时已无心织造。"唯闻女叹息",进一步暗示木兰内心忧思深重。"问女何所思,问女何所忆。女亦无所思,女亦无所忆。"这四句诗句式结构两两相同,描绘的是亲人与木兰对话的场景。亲人一再追问木兰"你在想什么",木兰一再掩饰地回答"我没想什么",呈现出木兰与亲人之间反复问答的过程。我们可以读出木兰因父亲将要从军参战而担心、忧虑的心理,也可以读出父母对女儿的关切与疼爱。

2. 东市买骏马,西市买鞍鞯,南市买辔头,北市买长鞭。旦辞爷娘去,暮宿黄河边。不闻爷娘唤女声,但闻黄河流水鸣溅溅。旦辞黄河去,暮至黑山头。不闻爷娘唤女声,但闻燕山胡骑鸣啾啾。

四个排比句,铺陈木兰征战前紧张地准备工作——购买战马和乘马用具,这里的"东、南、西、北"都是虚位而非实指。而每句诗一个"买"字,突出了木兰出征前的忙碌,也写出木兰出征之前的昂扬士气。紧接着写"旦辞爷娘去,暮宿黄河边。不闻爷娘唤女声,但闻黄河流水鸣溅溅。旦辞黄河去,暮至黑山头。不闻爷娘唤女声,但闻燕山胡骑鸣啾啾",八句以重复的句式,写木兰踏上征途,马不停蹄,日行夜宿。其中"旦辞""暮宿""不闻""但闻"复叠出现,夸张地表现了木兰行进的神速、军情的紧迫、心情的急切,使人感到紧张的战争氛围。虽然突出了军情紧急、行军之苦,但其表意的侧重点在于木兰离家越远思亲越切,再以黄河流水的

"溅溅"声与燕山胡骑的"啾啾"声进行烘托,凄凉之感更深。

复叠句式的使用,是本文最大的特色,也体现了《木兰诗》作为一首民歌的独特魅力。以铺陈、排比的方式呈现女性情感的细腻,将一个有血有肉、孝敬父母、多愁善感,又具有着爱美之心的女儿情态表现得淋漓尽致。

3. 爷娘闻女来,出郭相扶将;阿姊闻妹来,当户理红妆;小弟闻姊来,磨刀霍霍向猪羊。

三个"闻"字写出了一家人听到消息后"闻声而动"的场面。老父老母听说女儿回来了,相互搀扶着走到城外来迎接;姐姐听说妹妹回来了,对着门就开始梳妆打扮起来;弟弟听说姐姐回来了,赶紧把刀磨快了杀猪宰羊。这三幅画面生动地表现出全家人得知木兰得胜归来后的喜悦、激动和热切。这三幅画面虽也能展现出木兰衣锦还乡的荣耀与风光,但其重点仍在于突出亲人团圆的可贵,也为木兰拒绝"赏赐百千强"和"不用尚书郎"的行为提供了合理的注解。

4. 雄兔脚扑朔,雌兔眼迷离;双兔傍地走,安能辨我是雄雌?

这四句运用了奇特的比喻。前两句写将兔子提耳悬空时,雄兔和雌兔外在行为举止区别很大,一眼就可以区分,而当兔子一起奔跑时,就难以分辨出性别了。以此比喻在日常生活中男女性别特征明显,而在战场厮杀时,要分出男女就十分困难了。那么,作者为什么要用这样一个比喻句结束全诗呢?

首先,这个比喻形象地解释了"火伴"们"同行十二年,不知木兰是女郎"的"惊忙"之态。可想而知,读者阅读本诗时也必然会对木兰从军多年而未暴露女儿身的合理性产生怀疑,而这个比喻也对读者的疑问作出了合理的解答。

其次,关于这四句话的叙述者,学界历来有两种不同的看法,有的认为这是吟唱者(叙事人)对木兰的赞词,有的认为是木兰对"火伴"的回答。我们不妨采用后一种说法,将这四句话看作是木兰对"火伴"的回答。这样的话,通过这四句俏皮风趣的回答,读者就可以在脑海中呈现出木兰机智俏皮而又得意洋洋的神态表情,则更能突出木兰的女儿情态,也让读者对木兰更添一份喜爱之情。

再次,用雄兔雌兔来比喻人之男女,也符合民歌语言运用的特点。用这个奇特的比喻作为全诗的结尾,显得别具一格,豪迈有力,语气中充满了对木兰这位女英雄的赞美和歌颂。如果将其理解为是吟唱者对木兰的赞颂,与将其视为木兰的回答的看法并不矛盾。

三、教学过程

第一课时

(一) 课时目标

1. 理清诗歌的故事情节、详略安排及其妙处。
2. 初步感知人物形象的特点，感受人物的魅力。

(二) 导入

我国古代有一位女扮男装替父从军的女英雄——花木兰。千百年来，她已成为了家喻户晓的巾帼英雄形象，美国迪士尼公司还将她的艺术形象搬上了银幕。这个故事来自一首诗——《木兰诗》(板书课题)，下面就让我们一起来深入学习北朝民歌《木兰诗》。北朝民歌以《乐府诗集》所载"梁鼓角横吹曲"为主，是当时北方一种在马上演奏的军乐，因为乐器有鼓角，所以也叫"鼓角横吹曲"。《木兰诗》则是北朝民歌的代表作。

(三) 活动设计

▲ **活动设计一：巾帼不让须眉**

1. 阅读、搜集女英雄故事。
2. 撰写、讲述最喜欢的女英雄故事。
3. 说一说：花木兰故事的看点在何处？

(前两项活动可在课前准备。)

▲ **活动设计二：《木兰诗》赛诗会**

1. 教师有感情地诵读，学生点评。
2. 学生自由朗读，读准字音，疏通文义，把握情感。
3. 学生比读，互评互读。
4. 背诵比赛。

▲ **活动设计三：《木兰诗》品诗会**

1. 对比阅读：花木兰故事传说版、花木兰故事诗歌版。
2. 诗意品味：渲染、简约。

(1) 何处渲染？如何渲染？为何渲染？

品读探究：

第 3 段用排比的句子把东、西、南、北市都写到了。为什么不在一个地方买齐东西？这样写繁琐吗？

第 5 段写木兰辞官还家，运用了哪些修辞手法，表现了木兰的什么情操？

第 6 段写木兰回家与亲人团聚，运用了什么修辞手法？表现了她怎样的心情？

结尾附文在文中起什么作用？

(2) 何处简约？如何简约？为何简约？

找出诗中语言精练的句子，并分析其特点。

例："万里赴戎机，关山度若飞。""朔气传金柝，寒光照铁衣。""将军百战死，壮士十年归。"

(仅仅三十个字就写出了征途之遥、生活之苦、战斗之多、时间之长、战况之烈，从而表现了木兰十年艰苦的战斗生涯，其语言精练，字字千金。)

详略安排：

从军缘由——详写

出征前的准备——略写

出征中的思亲心理——详写(详写女儿情态)

关山飞度，征战沙场——略写(略写英雄气概)

凯旋辞官——详写

家人迎接——详写

木兰改装——详写

作用分析：

(在内容上)突出木兰的儿女情态，丰富了木兰的英雄性格，使得人物形象真实感人。(在结构上)详略得当，使全诗显得简洁紧凑。

这样安排是因为诗歌紧扣"木兰是女郎"的性格特征来进行详略安排的，对能表现中心思想的材料便详写，其他的就略写。

(四) 课堂小结

本节课我们通过讲女英雄故事、赛诗、品诗等活动，了解了《木兰诗》的主要内容和详略安排，初步感知花木兰这一巾帼英雄形象。这首诗在叙事上有详有略，对木兰从军缘由、出征想家、辞官还乡和会见亲人写得比较详细，淋漓尽致地写出人物的思想感情;对出征前的准备和十年军旅生活则写得比较简略,前者只有四句,后者也仅有六句。详略得当,是这首诗写作上的一个显著特点。

(五) 布置作业

语言品味:找出诗中语言精练的句子,3—5句,分析其特点。

第二课时

(一) 课时目标

1. 在反复朗读的基础上,体会北朝民歌刚健、质朴的风格特点。
2. 从诗歌铺陈反复的语言中,把握木兰的英雄气概和女儿情怀。

(二) 导入

上节课我们了解了诗歌的主要内容,通过分析文章详略安排初步感知花木兰形象。这节课我们将通过情景再现活动,进一步走近花木兰形象。

(三) 活动设计

▲ 活动设计:巾帼英雄颁奖礼

1. 设计颁奖词

假如要邀请木兰参加巾帼英雄颁奖礼,请你为她设计一段颁奖词。

(1) 品析诗中相关语句,分析木兰形象,积累颁奖词素材。

示例:

唧唧复唧唧,木兰当户织。不闻机杼声,唯闻女叹息——勤劳孝顺

愿为市鞍马,从此替爷征——勇敢坚毅,忠孝两全

万里赴戎机,关山度若飞。朔气传金柝,寒光照铁衣。将军百战死,壮士十年归——勇敢坚强的英雄气概

木兰不用尚书郎,愿驰千里足,送儿还故乡——不慕荣华富贵,甘过普通百姓生活

出门看火伴,火伴皆惊忙,同行十二年,不知木兰是女郎——机智、谨慎

(2) 完成颁奖词

示例:

替父从军,孝心鉴日月;为国杀敌,豪气薄云天。念高堂,轻抛功名把家还;爱

红妆,女儿柔情惹人叹。似火红的木棉,如清雅的幽兰。谁说女子不如男?

2. 人物微访谈

假如你是木兰,在颁奖典礼现场需对你做一个访谈:

(1) 请你说说替父从军的前前后后的心理活动。(用自己的话归纳。)

(2) 请说说自己的战斗生活。

(四) 课堂小结

《木兰诗》这首叙事诗塑造了花木兰这个不朽的女英雄形象。她既是一个云鬓花黄的少女,又是一个金戈铁马的战士。在国家需要的时候,她挺身而出,驰骋沙场,立下汗马功劳。得胜归来之后,她又谢辞高官,返回家园,重新从事和平劳动。她爱亲人也爱国家,把对国家和对亲人的责任融合在一起。木兰的形象,集中体现出中华民族的勤劳、善良、机智、勇敢、刚毅、敦朴的优秀品质。

(五) 布置作业

想象作文:《木兰到家第二天》。

写作　学习抒情

一、教学目标与学习要素

(一) 教学目标

1. 结合本单元课文,引导学生了解直接抒情和间接抒情这两种抒情方式。
2. 引导学生在情感体验的基础上,理解直接抒情和间接抒情的表达效果。
3. 启发学生把握好抒情的度,学习基本的抒情方法。

(二) 学习要素

直接抒情和间接抒情的表达方式。

二、教学建议

抒情就是表达情思,抒发情感。真挚的情感能打动读者,"恰当抒发自己的真情实感,能增强文章的感染力,并深化主题"。本单元写作训练的重点就是要引导学生抒写真情实感。

抒写真情实感,首先要选择积极健康的情感。要抒发健康的、高尚的情感,反对低级的、颓废的和庸俗的情感。要抒发真挚的、实在的情感,杜绝虚情假意,无病呻吟。更不能故作多情,为文造情。

抒写真情实感,要运用恰当的方法。要学习本单元课文中常用的两种抒情方式:直接抒情和间接抒情。直接抒情就是直抒胸臆,是指作者或人物不借助别的事物,直接抒发自己的情感。而间接抒情,则是不使用直白的抒情语句,而是将情感融入叙事、描写和议论当中。

本单元课文中的间接抒情主要有三种:一是通过叙述抒情,即寓情于事的抒情方法。这是在叙事中传达情感的写法,作者叙事中带着强烈的主观感情,如《谁是最可爱的人》。二是通过描写抒情,即寄情于景的抒情方法。这是在描写景物时进行抒情的方法。写作时须把感情倾注、融会在描写之中,使描写的景物带有鲜明的感情色彩,如《土地的誓言》。三是通过议论抒情,即寓情于理的抒情方法。运用这种抒情方法,应注意它与一般议论有所不同,这里的议论只是抒情的手段,是为抒情服务的,如第一单元的课文《说和做——记闻一多先生言行片段》。

当然,直接抒情和间接抒情并不是相互独立的,二者相互配合,才能使文章的抒情更有感染力。本单元的课文基本都做到了两种抒情方法的结合,如《黄河颂》《土地的誓言》都是很好的例子。

三、教学过程

(一) 导入

今天学习两种抒情方式,体会、归纳、比较二者的异同,并加以实践。

(二) 活动设计

▲ **活动设计一:会抒情之美**

1. 简介抒情的表达方式。
2. 比较本单元课文抒情句的运用。体会抒情的作用,导入课题。

▲ **活动二:归纳抒情之法**

1. 比较讨论:我们要抒发怎样的情感?

(1) 真实的情感。

(2) 独特的情感。

2. 向名家取经:我们可以怎样抒发情感?

(1) 分析名家名作中包含情感的语句,理解直接抒情和间接抒情的作用。

直接抒情也即直抒胸臆,是指在记叙、描写的基础上,在感情达到炽热的程度时,直截了当地把内心的感情抒发、倾吐出来,抒情的效果强烈、鲜明。

间接抒情是指作者把感情渗透在叙述、描写、议论中,感情同写人、叙事、写景、状物融合在一起,这种感情的抒发是渗透在文章的字里行间的,含而不露,委婉动人,耐人寻味。

(2) 比较归纳,学习抒情的方法。

分别给出含有直接抒情和间接抒情语句的文段资料,学生讨论分析其中手法运用的特点。

① 直接抒情的具体方法举例:

直抒胸臆(内心独白)、变换人称(第二人称)。

② 间接抒情的具体方法举例:

借景抒情(融情于景)、托物言志(融情于物)。

▲ **活动设计三：比较抒情之度**

1. 例文比较，体会抒情之度。

2. 问题引导，学习恰当抒情。

（1）把握好抒情的度。

（2）选择好抒情的方法。

恰当地抒发情感，前提是对情感要有深刻的体验和细致的揣摩。对情感的回味，可以促发与原初情感相似的体验和感受；通过反复体验，能将情感本身的意味感受得更深、体会得更准。另外，找到触发情感的点并将其写在作文里，会更容易打动读者。

（三）课堂小结

情贵在真，要抒发自己的真情实感。刘勰在他的《文心雕龙》中说"情者文之经"，只有用饱满的情感直叩读者心扉，文章才具有内在的魅力。否则，无论怎样雕章琢句，都只能是繁采寡情，味之必厌。这告诉了我们抒情的重要性。抒情不是全篇使用，要运用合宜；交流时要用心体会别的同学的优点，加以运用。

（四）布置作业

1. 课堂作业

幻灯片出示一段描写家乡的话语，将其中直接抒情和间接抒情的句子挖空，让学生独立填写。写作后进行交流讨论，分析写作思路。

2. 课后练笔

以"乡情"或"我的烦恼"为题，写一篇记叙性作文。根据内容特点和表达需要，选择合适的抒情方式。情感的抒发要有内容，有凭借。不少于600字。

综合性学习　天下国家

一、教学目标与学习要素

（一）教学目标

1. 积极参与学习活动，理解"天下国家"的含义，能用语言或文字表达出个人与国家命运息息相关的认识。

2. 能按照"天下国家"的主题要求，利用图书馆和网络等资源检索、搜集资料，并能进行分类筛选和合理使用。

3. 在理解作品的基础上，能用一定的表达技巧把故事讲得生动感人，能够用一定的朗诵技巧较好地表达诗歌的情感。能够对爱国名言说出自己的理解和体会。

（二）学习要素

1. 利用图书馆和网络等资源检索、搜集资料的方法。
2. 讲故事的技巧和朗诵的技巧。

二、教学建议

1. 本次综合性学习以小型活动为主，一共有三个不同的语文学习活动：讲故事、诗朗诵、展示会。策划、组织活动是语文综合性学习的重要实施方式，能有效培养学生的组织能力、合作能力、与人交流的能力。这些活动的策划、组织应当由学生自主完成。

2. 讲故事与诗朗诵在表达技巧上有所不同，学习活动中教师应注意从方法、技巧上进行指导。教师可选择一些好的讲故事的音频或视频，直观地教给学生一些讲故事的小技巧，帮助学生把故事讲得生动、感人。还应指导学生运用过去学到的设计朗诵脚本的方法，帮助学生完成诗歌朗诵的任务。

3. 评价是综合性学习实施的一个难点。采用档案袋评价，实现对学习过程的评价，可以很好地帮助学生记录学习过程，保存学习成果。如要使用评价量表，要注意评价量表的设计要与本次活动的目标密切相关，也要有可操作性。

三、教学过程

第一课时

(一) 导入

同学们,本单元的学习,我们既从《黄河颂》那激昂的旋律、磅礴的气势中领略了黄河桀骜不驯的血性和中华民族的英雄气概,又在《谁是最可爱的人》的故事里读到了中国人民志愿军展示的爱国主义和国际主义精神。我们既听到了甘愿为美丽的故乡牺牲一切的《土地的誓言》,又看到了巾帼英雄代父从军、保卫国家的飒爽英姿。古今中外,每个人都对自己的祖国有着近乎本能的热爱,爱国的方式多种多样。今天我们就一起走近爱国人物,赏读爱国诗词,品味爱国名言,激发我们的爱国情怀。

(二) 活动设计

▲ 活动设计一:明确活动内容,选择学习任务

请同学们从下列主题活动中任选一个,选择相同活动的同学组成学习小组,完成相应的学习任务。

第一组　激发心志:爱国人物故事会
第二组　陶冶心灵:爱国诗词朗诵会
第三组　启发心智:爱国名言展示会

▲ 活动设计二:出示评价量表,明确学习目标

教师分别出示三组活动的评价量表,组织学生讨论交流,确定学习活动的目标。例如:

"爱国人物故事会"活动评价量表	
评价项目	得分
1. 小组分工明确,各司其职且配合默契。(2分)	
2. 搜集的资料丰富、典型。(2分)	
3. 对搜集的故事有恰当的加工,能够突出重点,详略得当。(2分)	
4. 讲故事时普通话标准,声音响亮、清晰,语言生动、流畅。(2分)	

评价项目	得分
5. 能够根据故事情节的起伏调整语调和神态,能够配合适当的动作。(2分)	
总分	
写下你的鼓励和赞赏吧!	

▲ **活动设计三:策划活动方案,分工协作准备**

学习小组根据评价量表,讨论制定出具体可行的学习活动方案,指导规范学习活动。例如:

"爱国诗词朗诵会"活动方案		
活动过程	具体任务	负责人
准备阶段	1. 广泛搜集爱国诗词。	所有组员
	2. 对搜集的诗词进行分类整理。	组长
	3. 每位同学选择一首自己最喜欢的诗词进行朗诵练习,并为自己的朗诵准备好合适的背景音乐。	所有组员
	4. 主持人对每位同学的朗诵进行排序,并且写好报幕和串讲词。	×××
展示阶段	5. 依次进行朗诵展示。	所有组员
总结反思	6. 根据评委的点评改进自己的朗诵,并录制成小视频。	所有组员

(三)课堂小结

本节课我们以小组为单位认领了学习任务,明确了学习目标,做好了活动方案和工作分工。课后请各组对照方案和分工,落实好展示汇报的内容,下节课我们进行展示汇报和互评交流。

(四)布置作业

根据分工,做好展示汇报内容的准备。

第二课时

(一) 导入

本节课我们请同学们分组进行学习成果的展示汇报,请上台展示的同学们稍作准备,不参加展示的同学请根据评价量表给展示的同学打分。

(二) 活动设计

▲ 活动设计一:小组展示汇报,全班互评交流

每小组将自己准备好的活动在全班交流展示,教师印发每个活动的评价量表给非展示的同学进行评价打分。也可以邀请其他老师作为评委参加到活动中来。

1. 可以当堂公布评委的打分情况,评选出最佳故事奖、最佳诗朗诵奖、最佳名言分享奖和最佳合作小组奖。

2. 师生对每一个展示进行点评,尤其注意发现亮点,进行激励性评价。

▲ 活动设计二:优秀成果荟萃,精彩重组提升

1. 在全班交流的基础上,分小组将展现出来的精彩的故事、动人的诗歌、引人深思的名言按照不同的主题分类进行重新组合,也可以增添其他有关爱国的内容,分别设计制作成一份手抄报,在全校进行展示。

2. 你是否被某个爱国人物故事感动得热泪盈眶?是否有一首爱国诗歌让你斗志昂扬?是否有一句爱国名言引你深思,回味无穷?请你抓住这些感动的瞬间,写一段话表达你内心的感受,抒发你的爱国热情。

(三) 课堂小结

天下之本在国,国之本在家,家之本在身,个人与国家的命运是息息相关的。通过本次活动,我们走近爱国人物,激发心志;诵读爱国诗词,陶冶心灵;搜集爱国名言,启发心智。让我们将这份爱国情怀转化为努力学习的实际行动。

(四) 布置作业

重新自由组合小组,分别设计制作一份手抄报。

单元练习

一、积累与运用

1. 个人命运与国家命运息息相关。关心国家命运，为之奋斗为之牺牲；赞美祖国山河，为之描画为之讴歌；热爱祖国文化，为之沉醉为之感动……这些都是爱国情怀的表现。请你积极参加"天下国家"综合性学习活动，完成下列学习任务。

(1)【活动设计】请你根据活动示例再写两个有关爱国的活动板块。

示例：激发心志，讲爱国人物故事。

活动一：

活动二：

(2)【名言展示】只言片语，或表达对祖国的感恩，或抒发对故土的思念，或阐述爱国的实质，或思索个人与国家休戚相关的命运。请你展示一句有关爱国的名言。

(3)【材料探究】

材料一：邓亚萍在英国留学期间，看到一些留学生在言行举止上时常流露出鄙视自己同胞的情绪，她说："记住，你永远是中国人！""在外国人眼里，你的一言一行都代表着中国。爱国，是每个人最基本的素质。你们的文化素质都很高，不应该犯这种低级错误！"

材料二：在一次世界男篮锦标赛上，外国记者在采访姚明时说："你现在是NBA状元了，那么多NBA球员都选择不打世锦赛，都选择去休假，去为自己的未来计划，你为什么偏要来打这个锦标赛？"姚明当时一点儿都没有犹豫，说："因为我是一名中国运动员！"

材料三："神舟五号"完成历史性的首飞返回中国大地时，杨利伟说的第一句话就是："飞船运行正常，我感觉良好，我为祖国感到骄傲！"

请你阅读以上三则材料并用简洁的语言写出你的结论。

二、阅读探究

2. 阅读下面的诗文，回答问题。

木兰从军

木兰者,古时一民间女子也。少习骑,长而益精。值可汗点兵其父名在军书与同里诸少年皆次当行。因其父以老病不能行。木兰乃易男装,市鞍马,代父从军,溯黄河,度黑山,转战驱驰,凡十有二年,数建奇功。嘻!男子可为之事女子未必不可为,余观夫木兰从军之事,因益信。

题木兰庙

[唐]杜　牧

弯弓征战作男儿,梦里曾经与画眉。

几度思归还把酒,拂云堆上祝明妃①。

【注释】①明妃:王昭君,为维护汉匈关系,出塞和亲,嫁给匈奴单于呼韩邪。

(1) 解释下列句中加点词的意思。

① 长而益精＿＿＿＿＿＿＿＿＿＿＿＿＿＿＿＿＿＿＿＿

② 木兰乃易男装＿＿＿＿＿＿＿＿＿＿＿＿＿＿＿＿＿＿

③ 市鞍马＿＿＿＿＿＿＿＿＿＿＿＿＿＿＿＿＿＿＿＿＿

④ 度黑山＿＿＿＿＿＿＿＿＿＿＿＿＿＿＿＿＿＿＿＿＿

(2) 根据下面句子的意思,给句子断句。(限断2处)

值可汗点兵其父名在军书与同里诸少年皆次当行。

(3) 如何理解诗句"弯弓征战作男儿"?结合《木兰从军》的内容,简要概述。

(4) 诗、文表达的情感有何不同?结合内容,简要分析。

3. 阅读下列语段,完成(1)—(5)题。

① 满天都是星光,火把也亮起来了。从山脚向上望,只见火把排成许多"之"字形,一直连到天上,跟星光接起来,分不出是火把还是星星。这真是我生平没见过的奇观。

② 大家都知道这座山是怎样地陡了,不由浑身紧张,前后呼喊起来,都想努一把力,好快些翻过山去。

③ "不要掉队呀!"

④ "不要落后做乌龟呀!"

⑤ "我们顶着天啦!"

⑥ 大家听了,哈哈地笑起来。

⑦ 在"之"字拐的路上一步一步地上去。向上看,火把在头顶上一点点排到天

空;向下看,简直是绝壁,火把照着人的脸,就在脚底下。

(1) 第①段写景的观察点是_____,第⑦段写景的观察点是_____,暗示了老山界山路的特点是_____,老山界山势的特点是_____。

(2) "这真是我生平没见过的奇观"中"奇观"指什么景象?有什么作用?这一句表达了作者怎样的心情?

(3) 文段中对红军战士的对话描写表现了什么?

(4) 文中加点的"一步一步"包含什么意思?

(5) 两次出现火把,作用各是什么?

4. 阅读下列语段,完成(1)—(4)题。

对于广大的关东原野,我心里怀着挚痛的热爱。我无时无刻不听见她呼唤我的名字,我无时无刻不听见她召唤我回去。我有时把手放在胸膛上,我知道我的心是跳跃的。我的心还在喷涌着血液吧,因为我常常感到它在泛滥着一种热情。当我躺在土地上的时候,当我仰望天上的星星,手里握着一把泥土的时候,或者当我回想起儿时的往事的时候,我想起那参天碧绿的白桦林,标直漂亮的白桦树在原野上呻吟;我看见奔流似的马群,听见蒙古狗深夜的嗥鸣和皮鞭滚落在山涧里的脆响;我想起红布似的高粱,金黄的豆粒,黑色的土地,红玉的脸庞,黑玉的眼睛,斑斓的山雕,奔驰的鹿群,带着松香气味的煤块,带着赤色的足金;我想起幽远的车铃,晴天里马儿戴着串铃在溜直的大道上跑着,狐仙姑深夜的谰语,原野上怪诞的狂风……这时我听到故乡在召唤我,故乡有一种声音在召唤着我。她低低地呼唤着我的名字,声音是那样的急切,使我不得不回去。我总是被这种声音所缠绕,不管我走到哪里,即使我睡得很沉,或者在睡梦中突然惊醒的时候,我都会突然想到是我应该回去的时候了。我必须回去,我从来没想过离开她。这种声音是不可阻止的,是不能选择的。这种声音已经和我的心取得了永远的沟通。当我记起故乡的时候,我便能看见那大地的深层,在翻滚着一种红熟的浆液,这声音便是从那里来的。在那亘古的地层里,有着一股燃烧的洪流,像我的心喷涌着血液一样。这个我是知道的,我常常把手放在大地上,我会感到她在跳跃,和我的心的跳跃是一样的。它们从来没有停息,它们的热血一直在流,在热情的默契里它们彼此呼唤着,终有一天它们要汇合在一起。

……我向那边注视着,注视着,直到天边破晓。我永不能忘记,因为我答应过她,我要回到她的身边,我答应过我一定会回去。为了她,我愿付出一切。我必须看见一个更美丽的故乡出现在我的面前——或者我的坟前,而我将用我的泪水,洗去她一切的污秽和耻辱。

(1) 将下列句子改为肯定的陈述句,并谈谈这两种句式的表达效果有什么不同?

我无时无刻不听见她呼唤我的名字,我无时无刻不听见她唤我回去。

(2) 作者写了自己"想到"和"看到"了许多东北特有的景色和物产,这样写有什么好处?

(3) 用自己的话表述作者发出的誓言。

(4) 读了这些文字,你一定有许多感受,请写出三点。

解 析

一、积累与运用

1. 检测点:把握文学作品表现的家国情怀。

参考答案:

(1) 示例:陶冶心灵,诵爱国主义诗篇;启发心智,展爱国主义名言;鼓舞士气,唱爱国主义歌曲;弘扬正气,读爱国主义经典。

(2) 示例(任意一个即可):

为中华之崛起而读书。(周恩来)

我是中国人民的儿子。我深情地爱着我的祖国和人民。(邓小平)

天下兴亡,匹夫有责。(顾炎武)

人生自古谁无死?留取丹心照汗青。(文天祥)

(3) 示例一:他们三人都坚持和弘扬了以爱国主义为核心,团结统一、爱好和平、勤劳勇敢、自强不息的伟大民族精神。

示例二:爱国是一种权利,更是一种义务。一个人无论身处何时、何地、何种情况,都应心怀祖国。国家高于一切,没有国家,哪有小家?

二、阅读探究

2. (1) 检测点:重点文言词语的理解。

参考答案：①更加。②于是，就。③买。④越过。

(2) 检测点：关键语句的理解。

参考答案：值可汗点兵/其父名在军书/与同里诸少年皆次当行。

(3) 检测点：学习精读的方法，感受本单元课文表现的家国情怀。

参考答案：木兰女扮男装代父从军，在战场上引弓射箭，与敌人搏斗十二年，屡建奇功。

(4) 检测点：把握课文的抒情方式，体会作品的情境。

参考答案：《木兰从军》通过写木兰代父从军、英勇善战的事迹，表达了对木兰的赞美之意。《题木兰庙》则将自己想象成木兰，以自述的口吻表达了木兰对家乡的思念与对和平宁静生活的向往，含蓄地批判了统治阶层竟需要花木兰和王昭君这样的女性担负起保家卫国的责任。

3. 检测点：学习精读的方法，把握课文的抒情方式，体会作品的情境。

参考答案：

(1) 山脚，山腰，高，陡。

(2) "奇观"是指成千上万的人在攀登，人、夜色、高山整合在一起，瑰丽、壮观。体现了红军队伍庞大的气势，并歌颂了红军坚强的革命意志。作者用赞赏的口吻来描绘景物，抒发了豪迈的情怀，是革命乐观主义的表现。

(3) 战士们战胜困难的豪迈气概和革命乐观主义精神。

(4) 每步都要非常小心，这里通过战士的谨慎和行军速度之慢，来衬托老山界的陡峭和险峻。

(5) 第一次出现，火把排成"之"字形，与星光相接，写出了山之高和点火把的人之众，形成壮丽的奇观。第二次出现，火把照在人的脸上，写出了山之陡，展现了奇观的细节。

4. 检测点：揣摩课文的精彩段落和关键语句，把握课文的抒情方式，体会作品的情境。

参考答案：

(1) 肯定的陈述句：我每时每刻都听见她呼唤我的名字，我每时每刻都听见她唤我回去。

"无时无刻不"，意思就是"时时刻刻都"。是双重否定起到肯定的作用。这样的短语在句子里有强调和加深语气的作用，能够更深刻的表达"我"对家乡的思念的情感。"每时每刻都"，也是时时刻刻的意思，语气和情感表达程度不及"无时无刻不"双重否定浓厚。

（2）作者写了自己"想到"和"看到"了许多东北特有的景色和物产，能充分展现东北地域之广阔与物产之丰富，强调"我"与东北土地不可分离的关系，更加突出地表达自己对故土的热爱、怀想、眷念之情，这样写便于更直接地抒发作者的感情，同时能激起读者的强烈共鸣。

（3）我必须回去，为了她，我愿付出一切，愿为祖国献出自己的一切乃至生命。

（4）珍爱生命，珍爱和平。远离战争，远离灾难；为中华崛起而读书，为民族复兴而读书；铭记祖国遭遇，捍卫祖国母亲，不让历史重演；天下兴亡，匹夫有责；祖国的领土是多么富饶，多么神圣，要爱自己的祖国，更爱祖国那刚强不屈的精神；捏紧手中的坚强，不放过身边的每一寸土地，因为他们都是母亲的一部分。

第三单元

单元教学目标

1. 梳理记叙文(或散文、小说)中的故事,从"小人物"身上发现人性的优点或弱点。

2. 从开头、结尾、文中的反复及特别之处发现关键语句,从不同角度理解课文中的人物形象。

3. 从标题、详略安排、角度选择等方面把握文章重点,结合自己的生活体验熟读精思,理解课文的主旨。

单元内容框架

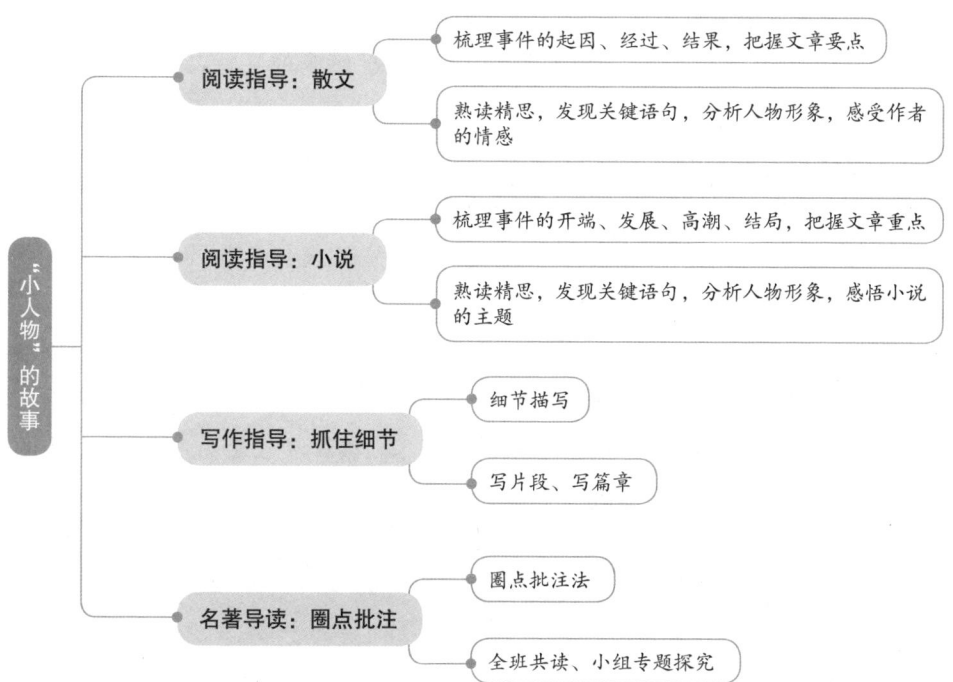

单元设计说明

本单元教学，主要培养学生对文中"事""人""境""物"的把握能力和对文中显性或隐性"理""情"的理解能力。

1. 关注体裁和结构，引导学生梳理行文思路和结构层次，把握作者谋篇布局的基本方法。如《阿长与〈山海经〉》和《老王》两篇散文都围绕一个核心人物，记叙了多件琐事或多个生活片段。在梳理结构层次时，应引导学生从标题、详略等方面把握文章重点，关注体现作者情感变化的或表示时空转换的关键词语。《台阶》是一篇小说，可指导学生通过梳理故事的开端、发展、高潮和结局，整体把握其情节发展的脉络。文言笔记小说《卖油翁》叙写了一场小冲突，其开端、发展、高潮和结局完整而精巧。学习本单元，首先引导学生掌握梳理行文思路和结构层次的方法，提高阅读速度，为深入解读文章打下扎实基础。

2. 关注表达方式和表现手法，深入文章的细节，从不同角度分析主要的"人"，欣赏作者塑造"人"的写作方法，领会作者对"人"的情感态度，理解文章的深层意蕴。对于篇幅较长的课文，以分析和鉴赏作者的写作重点为主；在分析"人"时，处理好局部鉴赏与整体感知之间的关系。比如《阿长与〈山海经〉》运用了先抑后扬的表现手法，凸显阿长买来《山海经》给童年的"我"带来的震撼，因而前文用大量篇幅以儿童视角和幽默的笔调写阿长的许多"缺点"以及"我"当时的各种"不满"，依托文章的结构层次和整体构思，了解作者的写作思路，就能从"缺点"和"不满"中体会到中年的"我"的深层情感和写作意图。

3. 关注语言文字和标点符号，让学生自主品味、模仿各具风格的课文语言。本单元三篇现代文的语言都很有特点：《阿长与〈山海经〉》简练深沉，但又幽默风趣、温情委婉；《老王》平实质朴，明白如话，却又能从细微处见深意；《台阶》细腻而富有节奏感，呈散文化特点。同时，本单元的每篇课文都有许多"特别"的句子，或意味深长，或意蕴丰富，或细腻感人，或深刻隽永。教师要让学生主动找，反复读，自己品，注意指导学生演读与仿写。

10　阿长与《山海经》

鲁　迅

一、教学目标与学习要素

（一）教学目标

1. 熟练讲述阿长的故事，准确把握阿长的形象特点，分析作者运用详略法安排写作材料的妙处。
2. 梳理课文的思路和线索，分析回忆性散文的叙述视角。
3. 鉴赏课文中的细节描写，结合"写作时的回忆"与"童年时的感受"品析关键语句。

（二）学习要素

1. 散文的线索、详写、略写、细节描写。
2. 回忆性散文的叙述视角：回忆中的儿童视角——童年鲁迅；写作时的成人视角——成年鲁迅。
3. 精读法（熟读精思）。

二、文本解读

（一）课文整体解析

1926年间，鲁迅先生在《莽原》杂志陆续发表了十篇回忆故乡的"人"和"事"的散文。后来，他将这些散文重新编订，并添写《小引》和《后记》，结集为《朝花夕拾》。鲁迅写对故乡、童年、故人的回忆，笔调温情委婉，《阿长与〈山海经〉》尤其如此。

阅读这篇课文，从题目入手，明确主要的"人"和"事"，可迅速而准确地把握全篇的结构。

第一部分（1—2段），写阿长这个称呼的由来，介绍阿长的身份和名字，暗示阿长卑微的社会地位。第二部分（3—5段），写阿长喜絮说、竖手指、告状、睡相不好，以"我实在不大佩服她"为情感基调，描写阿长粗俗率性的行为习惯。第三部分（6—12段），写阿长懂得许多规矩（"道理"），描述阿长那些令"我"很不耐烦的礼节规矩。第四部分(13—18段),写阿长对"我"讲"长毛",描述某一时期"我"对阿长"空前的敬意"由产生到消失的过程,进一步刻画了满腹轶事讹传、迷信可笑的阿长形象。第五部分(19—29段),写阿长给"我"买《山海经》,抒发"我"对阿长的敬佩、感激之情。第六部分(30、31段),写"我"愿阿长的魂灵在地母怀里永安,抒发"我"对阿长的感激、怀念、歉疚之情。

童年的"我"对阿长情感态度的起伏变化,是贯穿全文的线索;中年的"我"通过先抑后扬的表现手法,既刻画了阿长好事粗俗、迷信可笑的一面,又凸显了她朴实善良、仁厚慈爱的天性,同时表达了成年后的作者对阿长既同情又愧疚、既感激又思念的复杂感情。

(二) 重点语段细读

1. 第2段:我们那里没有姓长的……于是她从此也就成为长妈妈了。

这段文字写"阿长"名字的由来:"阿长"不是"我"保姆的真实姓名,而是"我"前任保姆的名字。一方面写出阿长的地位卑微、不被尊重,表现出作者对小人物的"哀其不幸";另一方面写出阿长的麻木,阿长对别人随意称呼她这样的不尊重行为毫无反抗,暗含作者对这个不幸者的"怒其不争"。

2. 第13段:然而我有一时也对她发生过空前的敬意。她常常对我讲"长毛"。

第26段:这又使我发生新的敬意了,别人不肯做,或不能做的事,她却能够做成功。

第13段"空前的敬意"表达了"我"听长妈妈讲"长毛"故事后的心理感受。长妈妈讲的故事荒诞不经,"我"不但不怀疑、不反驳、不反感、不恐惧,反而产生"敬意",这样表达有反讽意味,体现了作者对长妈妈和童年自己的愚昧无知的调侃。

第26段"新的敬意"是正面抒情,在没有人关注到自己的心理需求时,只有保姆长妈妈关注了,并且满足了,这对一个孩子的成长有举足轻重的积极影响作用,所以作者发出由衷的赞叹。

3. 第31段:仁厚黑暗的地母呵,愿在你怀里永安她的魂灵!

这一段写"我"多年后歌颂和祝愿阿长。独句成段,语言如诗。写出"我"难忘长妈妈给自己买来渴慕已久的《山海经》,感念当年的满意,感激她让自己此后更爱读书。作者对阿长这个被侮辱被损害的"不幸者"、有缺点但充满人性的光辉的"小人物",不仅仅是"哀其不幸,怒其不争",更有感动和敬意,体现出作者可贵的人文情怀(仁义之心和悲悯之情)——对阿长备加怀念、感激、敬佩,同时深感怜悯、惭愧、歉疚。

三、教学过程

第一课时

(一) 课时目标

1. 熟练讲述阿长的故事,分析作者运用详略法安排写作材料的妙处。
2. 抓住课文中的细节描写,理解"我"心中的《山海经》、阿长口中的"三哼经"。

(二) 导入

1. 学习单元导语,明确本单元的语文学习要素——精读。

第一、二、三单元均重点学习"精读",须通过精读了解一类文章的特点,并把握其写法。

2. 读法指导:注重熟读精思,要注意从标题、详略安排、角度选择等方面把握文章重点;还要从开头、结尾、文中的反复及特别之处发现关键语句,感受文章的意蕴。

(三) 活动设计

▲ **活动设计一:绘制"鲁迅"知识树**

1. 查阅关于鲁迅的文学常识。
2. 以作家、作品为主要分支画一棵"鲁迅"知识树。
3. 提示:

鲁迅(1881—1936),原名周樟寿,后改名周树人,字豫才,浙江绍兴人。伟大的文学家、思想家和革命家,中国现代文学的奠基人。1918 年 5 月,他第一次以"鲁迅"为笔名发表了中国现代史上第一篇白话小说《狂人日记》。

他的作品有小说集《呐喊》《彷徨》《故事新编》,散文集《朝花夕拾》,散文诗集《野草》,杂文集《坟》《且介亭杂文》《华盖集》《而已集》等。

1926 年 3 月 18 日,北洋军阀政府枪杀进步学生,鲁迅受反动政府通缉,不得不到厦门大学任教。但又受到守旧势力的排挤,作者借回忆少年生活写点文章聊以自慰,于是写出了回忆散文集《朝花夕拾》。本文就是其中一篇,回忆了童年时期自己与阿长相处的一段生活。

▲ **活动设计二:摆"龙门阵",开"阿长"故事会**

1. 通读课文,熟悉内容要点。

2. 用"‖"划分段落层次,演讲其中的一个故事。

提示:(1—2 段)"阿长"这个称呼的由来。

　　　(3—5 段)阿长喜絮说、竖手指、告状、睡相不好。

　　　(6—12 段)阿长懂得许多规矩("道理")。

　　　(13—18 段)阿长对"我"讲"长毛"。

　　　(19—29 段)阿长给"我"买《山海经》。

　　　(30、31 段)"我"愿阿长的魂灵在地母怀里永安。

▲ **活动设计三:以童年鲁迅的口吻向弟弟们炫耀"宝书"**

1. 默读 19—29 段。

2. 以"我"的口吻,向两个弟弟炫耀阿长买来的《山海经》。

3. 以弟弟的口吻,反驳"我"的话。

(四) 课堂小结

这节课,我们熟读课文,梳理行文思路,了解了阿长的故事和《山海经》这本书,尤其是阿长与《山海经》的故事,整体感知到了课文的主要内容的感情基调。

(五) 布置作业

学生小组集体创作:还原对话,写出阿长到书店买《山海经》时与店员的对话。

提示:想象长妈妈买《山海经》过程中可能遇到的困难——长妈妈不识字;长妈妈把书名错说成"三哼经";长妈妈说不清书的内容;这本书并不常见。

第二课时

(一) 课时目标

1. 梳理课文的思路和线索,准确把握阿长的形象特点。

2. 鉴赏课文中的细节描写,结合"写作时的回忆"与"童年时的感受"品析关键语句。

(二) 导入

这节课,我们将在精思中分析阿长的形象特点,并发现作者刻画"小人物"的写作智慧。

(三) 活动设计

▲ **活动设计一:用文字为"阿长"画"像"**

1. 研读文中刻画阿长的词语、句子,用"可_____"写出阿长在"我"心中的形象。

2. 提示:可恶、可怜、可爱、可敬……

3. 小结:阿长是一个地位卑微的"小人物"、身世坎坷的"不幸者",却乐天安命;她没有文化、粗俗、好事、迷信,但天性纯朴善良、仁厚慈爱。

▲ **活动设计二:童年的"我"对阿长的情感路线图示**

1. 默读课文,思考:在童年时,"我"对阿长的"敬意"经历了怎样的变化过程?

2. 展示"我"对阿长的情感路线图。

提示:实在不大佩服→不耐烦(觉得非常麻烦)→空前的敬意→憎恶→发生新的敬意

▲ **活动设计三:提炼中年鲁迅刻画阿长的写作智慧**

研读第 24 段:"哥儿,有画儿的'三哼经',我给你买来了!"

研读第 25 段:我似乎遇着了一个霹雳,全体都震悚起来;赶紧去接过来,打开纸包……

1. 思考:听到阿长说"哥儿,有画儿的'三哼经',我给你买来了!""我"为什么有"震悚"的反应?

2. 提示:

(1) 错码。作者写阿长把"山海经"说成"三哼经",暗含阿长的哪些信息?

(2) 失衡。就近联系上下文看,作者写阿长惜墨如金,写"我"的感受却泼墨如水,为什么这样写这些?

(3) 混搭。在"我"的感受中,混杂着不同的成分——童年鲁迅的感受与中年鲁迅的感受彼此交错转换,为什么这样写?

(四) 课堂小结

这节课,我们探究了阿长的形象特点和中年鲁迅刻画阿长的写作智慧,他之所以写阿长这样一个人，是因为阿长在鲁迅童年时毫不计较鲁迅对她的各种不屑和无礼，真心实意地关心爱护童年鲁迅，努力满足童年鲁迅的愿望，这让成年鲁迅对阿长倍加怀念、感激、敬佩，同时深感怜悯、惭愧、歉疚。

（五）布置作业

学生小组活动：分析和鉴赏开头（第1、2段）和结尾（第31段）在文中的妙处。

11　老王

杨　绛

一、教学目标与学习要素

（一）教学目标

1. 概括老王与作者一家交往的故事，准确把握老王的形象特点。
2. 梳理课文思路和线索，体会作者一家与老王之间的情谊，感受其中的"爱"。
3. 细读重点段落，探究作者每想起老王总觉得心上"不安"、"愧怍"的原因。
4. 鉴赏课文中的细节描写，结合其中的特别之处发现和品析关键语句。

（二）学习要素

1. 散文的线索、详写、略写。
2. 基于表情达意的需要运用表达方式：从以叙述为主转换到以描写为主。
3. 精读法：熟读精思文中的反常、反复等特别之处。

二、文本解读

（一）课文整体解析

杨绛说："唯有身处卑微的人，最有机缘看到世态人情的真相。"（《隐身衣》）经历过时代和命运的剧烈起伏，杨绛对人性的认识更加深刻。她非常感念那些在苦难岁月中保持高贵人性，在自己一家落难时释放善意甚至施以援手的普通人。老王就是这样一位令作者夫妇难忘的布衣之交。

散文《老王》写于1984年。全文围绕"我"与老王的交往展开叙述，内容可分为三大部分。第一部分，写北京解放后，老王和"我"的交往：第1段，只用21个字，便明确交代了"我"与老王的身份差异，展现了"我"与老王之间融洽的关系；第2段，介绍老王艰难的生计和孤苦的身世；第3段，讲述老王的眼疾和生理缺陷；第4段，描述老王寒酸的栖所和家境；第5段，写老王给"我们家"带送冰，愿车费减半，表现老王的老实厚道。第二部分，写"文化大革命"开始，老王和"我"的交往：第6段，写老王送钱先生（默存）看病，说不要钱，展现老王的善良仁义，表达对老王的尊重、感激和同情。第三部分，写"我们"从干校回来，老王和"我"的交往：第

7段写老王被迫靠运"货"维持生活,却病了,写出老王在"文革"中生计愈加艰难,凸现老王的孤老贫穷;第8—16段,写老王临终上门送香油和鸡蛋,"我"给他钱,着重表现了老王对"我家"的深厚情意;第17—22段"我"得知老王去世,震惊之余,觉得心上不安,对他"愧怍",着重抒发作者的感念和愧疚之情,情感达到高潮。

纵观全篇,作者通过回忆老王窘迫的生活状况以及与老王交往的生活片段,展现了特殊时代背景下,老王与作者一家珍贵的友情,凸现了孤苦寒微的老王纯朴、仁义、善良的品性,表达作者对人性之美的讴歌,对不幸者的悲悯关怀,对自身的反省,以及对命运的慨叹,贯穿全文的情感脉络是作者对老王的同情、尊重、感激和愧怍。

本文延续了杨绛散文的一贯风格,温婉简淡、气度从容而又意味深长。本文以近乎白描的手法,娓娓讲述老王的故事,平和的语调中,时时流露出叹惋和感伤。

(二)重点语段细读

1. 第6段:老王帮我把默存扶下车,却坚决不肯拿钱。他说:"我送钱先生看病,不要钱。"我一定要给他钱,他哑着嗓子悄悄问我:"你还有钱吗?"

这里用副词"坚决",写老王送钱先生看病不肯拿钱,态度坚定果决,写出了老王的对"我们家"超越主顾关系的亲人般的关爱,表现了老王的善良。

这里用副词"一定",写"我"给老王钱,态度坚定果决,表现了"我"对老王的怜悯和同情,其中有"我"不愿占老王便宜的想法,也有让他生活有保障的善意,但也体现出"我"在潜意识里认为即便"文革"时自己的经济地位还是高于老王的。

2. 第8段:说得可笑些,他简直像棺材里倒出来的,就像我想象里的僵尸,骷髅上绷着一层枯黄的干皮,打上一棍就会散成一堆白骨。

这里运用了肖像描写和比喻修辞,写老王临终上门送礼表示感谢时的病容,写老王因病重和营养不良而十分瘦弱,衬托突出老王送"我"好香油和大鸡蛋非常不易,表现了老王的善良、重情重义和知恩图报。

3. 第13段:他赶忙止住我说:"我不是要钱。"

第14段:我也赶忙解释:"我知道,我知道——不过你既然来了,就免得托人捎了。"

老王送东西的用意是"来表示感谢",即在临终前最后看一眼自己视为亲人的作者一家,把自己费尽心力弄到的好东西赠送给他们,以报答作者一家对自己的恩情。

作者可能知道老王的用意。因为作者聪明睿智,不可能不知道老王的心意,但是她被老王病重的状态吓糊涂了,所以仍是用钱来回馈老王。

作者也可能不知道老王的用意。因为作者再三谢的是"好香油"、"大鸡蛋",感谢和回馈老王的方式仅仅是给钱。

4. 第22段:一再追忆老王和我对答的话,琢磨他是否知道我领受他的谢意。

作者一家让孤苦的老王感受到人情的温暖,所以老王临终抱病登门用自己的方式致谢。然而,作者却没有意识到这是最后一次见面,也没有完全领会老王当时的心意,忙乱中,习惯性地回赠老王钱款,自认为不让老王在钱上吃亏,就是对老王最大的善意。而不善言辞的老王也不愿拂了作者的美意,接受了带着关照之意的钱,"滞笨地转过身子","直着脚一级一级下楼去"。作者回过神来,忽然感到抱歉,还产生了不祥的预感。当得到老王的死讯后,"抱歉"升级为"不安",所以作者通过"一再追忆","琢磨他是否知道我领受他的谢意"来安慰自己,说服自己。

若干年后,作者才明白,自己一直充当给予者,从来没有接受过老王的回赠和无偿帮助。这样做,貌似对老王好,却让老王始终觉得欠了人情。老王在生命的最后时刻,希望送一份厚礼表达感激,作者却用给钱的方式,让老王的临终愿望落空。命运就是这样阴差阳错,作者为自己对老王在情意上的亏欠永远没法弥补而"愧怍"。

三、教学过程

第一课时

(一) 课时目标

1. 概括老王与作者一家交往的故事,准确把握老王的形象特点。
2. 梳理课文思路和线索,体会作者一家与老王之间的情谊,感受其中的"爱"。

(二) 导入

作家从维熙在《底层情话》中写道:一群看似最不光鲜、微不足道的底层人,也有着他们的喜怒哀乐,有着他们细腻美好的情感,他们的内心充满着爱,这让我更觉得快慰。

作家杨绛说,她非常感念那些在苦难岁月中保持高贵人性、在自己一家落难时释放善意甚至施以援手的普通人。为此,她写过一个底层"小人物"——老王,这个蹬三轮车的残疾人,位卑未敢忘"爱"人。

(三) 活动设计

▲ 活动设计一：阅"事"写话

1. 默读全篇，熟悉课文内容。

2. 用"‖"划分段落层次，用一句话概括各层次的内容要点。

提示：（1—5 段）北京解放后，老王和"我"的交往：

    ① "我"常坐老王蹬的三轮车，闲聊职业、亲戚、眼疾、家境。

    ② 老王给"我们家"带送冰，愿车费减半。

（6 段）"文化大革命"开始，老王和"我"的交往：

    老王送钱先生（默存）看病，说不要钱。

（7—22 段）"我们"从干校回来，老王和"我"的交往：

    ① 老王被迫靠运"货"维持生活，却病了。

    ② 老王临终上门送香油和鸡蛋，"我"给他钱。

    ③ "我"得知老王去世，觉得心上不安，对他"愧怍"。

▲ 活动设计二：识"人"写话

1. 研读文中刻画老王的词语、句子，在下列句中的横线上填写合适的词语：

老王是一个_____（的人）。

2. 示例：

老王是一个孤苦（贫穷、孤单、衰老）的人。

老王是一个"不幸者"（"小人物""边缘人"）。

老王是一个善良（关爱他人、重感情、讲仁义）的人。

老王是一个纯朴（纯粹、老实、厚道）的人。

老王是一个懂感恩（知恩图报）的人。

▲ 活动设计三：感"情"写话

1. 研读文中直接或间接表达"我"对老王的情感的词语、句子，在下列句中的横线上填写合适的词语：

"我"对老王感到_____。

2. 示例：

"我"对老王感到同情（怜悯）。

"我"对老王感到感激（感谢）。

"我"对老王感到抱歉(亏欠)。

"我"对老王感到愧怍(惭愧)。

(四) 课堂小结

这节课,我们熟读课文,了解了三轮车夫老王与杨绛一家交往的故事,尤其是老王临终前给"我们"送香油和鸡蛋的故事。下节课,我们将进一步研究杨绛先生怎样通过"小人物"来表现人间真爱。

(五) 布置作业

学生小组讨论：重读老王和作者一家交往的故事,用恰当的词语完善下表。

老王和"我"交往的时期	"我"对老王的主要情感	"我"给老王钱的用意	老王的形象特点	"我"看待老王的视角
北京解放后		用钱济贫		
"文化大革命"开始				
"我们"从干校回来	抱歉 ↓ 愧怍			俯视 ↓ 仰视

第二课时

(一) 课时目标

1. 细读重点段落,探究作者每想起老王总觉得心上"不安"、"愧怍"的原因。
2. 鉴赏课文中的细节描写,结合其中的特别之处发现和品析关键语句。

(二) 导入

上节课,我们熟读课文,读出了一个"爱"字。这节课,我们将结合作者一家与老王的交往,精思其中的"爱"。

(三) 活动设计

▲ 活动设计一:"爱"字溯源

1. 说文解字：爱——人世间最温馨的情感。

查"爱"字繁简演变：愛⟶爱。

"爱"的繁体字"愛",上有"手",中有"心"。

2. 爱的种类：……

3. 爱的表达(奉献)：物质(钱)——钱财等。

　　　　　　　　精神(心)——心理、情感等。

4. 爱的故事：杨绛一家关爱老王。

　　　　　　老王关爱杨绛一家。

▲ **活动设计二："爱"的比较**

1. 研读课文,小组讨论：同是关爱他人,"我"(杨绛)与老王有什么不同？为什么？

2. 小组代表展示讨论结果。

提示："我",重在用"手",拿钱资助；老王,重在用"心",表情达意。

"我"觉得对老王关爱不够,尤其在精神(心理)上,他留恋人世间真挚的温情,而"我"当时未曾察觉。

老王抱病上门送礼,香油和鸡蛋承载着谢意,"我"却拿钱给他,没有完全领会其用意,"我"感到对不起他的深情厚谊。

"我"一直充当善意的施与者,看待老王一直是俯视,从未接受过他的回赠和无偿帮助,让他至死都觉得欠了"我们"一家的情,他"一手拿着布,一手攥着钱"带着伤感和遗憾离开,"我"感到自己的钱"侮辱"了老王的心意。

老王重情重义、知恩图报,看待老王早就应是平视,甚至仰视,"我"深刻反省后感到自己是一个自命清高、不解人意的人,精神品位不比老王高贵。

▲ **活动设计三："爱"的再表达,给老王致悼词**

1. 假如你是杨绛先生,得知老王去世后参加了老王的葬礼,主动要求为他致悼词。

2. 请你为老王写一篇悼词。

提示："我"对老王的"爱",由"怜"而"敬"。

课文第1—7段,侧重用叙述的表达方式,写老王的基本情况,以及"我"与老王的交往,行文推进比较快,暗示了"我"对老王有关心,但没有真正深入地了解这个"不幸者",字里行间隐性渗透着对老王的"愧怍"之情。

课文第8—16段,侧重用描写的表达方式,同时运用肖像描写、语言描写、动作描写等,写老王病重临终送香油和鸡蛋给"我家"表示感谢时的瞬间细节,行文推进比较慢,表现了"我"对老王境况的吃惊、担心、害怕,字里行间显性表达了对老王的"愧怍"之情。

作者通过表达方式侧重点的转换,使"愧怍"之情逐步显性化,看待老王的视角从俯视到平视再到仰视,由此引发第 17—22 段"总觉得心上不安"和深刻的反思,认识到老王精神品位的高贵。

3. 为老王致悼词。

(四) 课堂小结

这节课,我们对《老王》熟读精思,通过"爱"字溯源、"爱"的比较、"爱"的再表达,无限贴近作者杨绛的"心",发现老王这个"小人物"其实有着高贵的灵魂和高尚的人格。

(五) 布置作业

学生小组活动：设计一份表格,比较"作者一家对老王的爱"与"老王对作者一家的爱"。

12 台阶

一、教学目标与学习元素

(一) 教学目标

1. 自主阅读课文,梳理情节,概括"父亲"的故事。
2. 运用圈点批注法品读关于"父亲"的细节描写,把握"父亲"的形象特点。
3. 体会"台阶"的含义,理解《台阶》这篇小说的主题,自觉选择同类文章开展课外阅读活动。

(二) 学习元素

1. 小说的情节、人物、环境。
2. 小说的叙述视角和主题。
3. 运用圈点批注法鉴赏细节描写。

二、教学建议

这篇小说以浙东乡村为背景,围绕"父亲要造一栋有高台阶的新屋"展开故事。

开端部分,写父亲立志造一栋有高台阶的新屋,分为三层。第一层,写父亲总觉得自己家的台阶低。第二层,写父亲年轻时造三级青石台阶,青石台阶承载了这个普通农家的平凡生活。第三层,写父亲立志造一栋有高台阶的新屋,提升自家的地位。开端部分含蓄地体现了老实巴交的父亲有着对生活更高的期盼和追求。

发展部分,写父亲准备造一栋有高台阶的新屋,分为两层。第一层,概述父亲艰辛、漫长、执着的准备工作。第二层,描述父亲在酷暑严寒中的辛苦劳作。发展部分凸显了父亲吃苦耐劳,一心造屋的坚定意志。

高潮部分,写父亲造好一栋新屋后又造高台阶,分为两层。第一层,写父亲建造新屋。第二层,写父亲造新台阶:踏黄泥、放鞭炮、撬石板、砌台阶。先写父亲在霜冷露蛰的深秋早晨为修台阶做准备;接着写父亲在热烈的鞭炮声中既高兴又尴尬的表现;再写父亲将老屋三块青石板撬来,当作新屋台阶的基石;最后写父亲参与砌成九级水泥台阶。高潮部分凸显了父亲倾尽心力建造新屋的满足感、幸福感。

结局部分,写父亲从高到低坐新台阶到坐门槛,分为三层。第一层,写父亲坐九级新台阶总觉得不自在。第二层,写父亲挑水上台阶闪了腰。第三层,写父亲失去了往日的生机,感叹"这人怎么了"。结局部分凸显了父亲建成九级台阶后的失落感。

这篇小说,以第一人称口吻讲述了"父亲"修台阶的故事,塑造了一个老实本分、热爱生活、吃苦耐劳、坚忍不拔、追求生活理想的农民形象。"台阶",承载着父亲在物质与精神上的双重理想,也象征着人生的使命。作者通过父亲的物质理想实现了而精神理想却受挫的结局,引发读者对物质追求与精神追求错位现象的多元思考。

这篇小说用散文化的语言叙写了"我"父亲与台阶的故事。对父亲来说,台阶既是他的物质期待,更是他的精神追求。当父亲用汗水和辛劳终于砌成了向往已久的台阶后,他却又处处感到"不自在",感到从未有过的空虚和寂寞。父亲没能实现自己的追求——得到他人的尊重。父亲最终拥有了"高台阶",却没获得"有地位",揭示了一代农民的命运("台阶"只是物质层面的外在结果,"父亲"却用它来评判自己的人生价值,并为之努力奋斗一辈子,造成了精神层面的内在悲剧),表达了"我"对父亲的复杂情感(理解、感激、敬重、惋惜)。

阅读这篇小说,要重点思考"台阶"在结构上充当线索的作用和多重含义。

课文第 31 段,父亲说"这人怎么了"? 这句话含义丰富:浅层含义——我这人怎么干活没力气了? 中层含义——我这人怎么生活没劲头了? 深层含义——我这人怎么辛苦一辈子完成了梦想却没有感到幸福? 这句话引发人们思考"父亲"一辈子活成悲剧的原因。

三、教学过程

(一) 导入

师生谈话:"追求"。

提示:追求——期待、理想。

  物质追求——获得钱财等。

  精神追求——获得心理、情感的满足等。

(二) 活动设计

▲ 活动设计一：为"父亲"作传

1. 散读课文，圈画概括力强的词语句子，为"父亲"写人物小传。

提示：按小说的"开端→发展→高潮→结局"还原作者的写作提纲——

(1—9段)写父亲立志造一栋有高台阶的新屋。〖开端〗

① 父亲总觉得自己家的台阶低。

② 父亲年轻时造三级青石台阶。

③ 父亲立志造一栋有高台阶的新屋。

(10—16段)写父亲准备造一栋有高台阶的新屋。〖发展〗

(17—24段)写父亲造好一栋新屋后又造高台阶。〖高潮〗

① 父亲造屋。

② 父亲造新台阶：踏黄泥、放鞭炮、撬石板、砌台阶。

(25—32段)写父亲从高到低坐新台阶到坐门槛。〖结局〗

① 父亲坐九级新台阶总觉得不自在。

② 父亲挑水上台阶闪了腰。

③ 父亲失去了往日的生机，感叹"这人怎么了"？

2. 写作人物小传，并在班级交流。

▲ 活动设计二：评价"父亲"

1. 结合课文和人物小传，写一个议论句，评价"父亲"。

2. 示例：

"父亲"是一个吃苦耐劳的人。

3. 交流：

"父亲"是一个老实本分的人。

"父亲"是一个坚韧不拔的人。

"父亲"是一个热爱生活的人。

"父亲"是一个自尊自强的人。

"父亲"是一个有理想有追求的人。

"父亲"是一个追求物质理想获得成功的人。

"父亲"是一个追求精神理想遭受挫折的人。

▲ **活动设计三：点评课文中的细节描写**

1. 课文围绕父亲和台阶，有许多生动传神的细节描写。从文中找出两三处，结合上下文加以分析品味，然后尝试用一两句话进行点评。

示例：

第 19 段第④—⑥句，运用动作描写、肖像描写，写在深秋晨雾中父亲踏黄泥，写父亲对造新台阶的重视和为此付出的艰辛代价，塑造了父亲勤劳、执着的形象。

"浮""飘"，表现了父亲踏黄泥时的环境特点——凌晨、大雾；

"挑""晃""滚"，通过小水珠表现了父亲踏黄泥时的人物特点——辛劳、投入。

2. 展示和交流活动成果。

（三）课堂小结

这节课，我们用前面学到的精读法自主阅读《台阶》这篇小说，通过为"父亲"作传把握故事情节，通过评价"父亲"理解人物形象和主题，通过点评细节描写初步学习圈点批注法，希望大家将在这次课习得的方法用到《骆驼祥子》整本书阅读中去。

（四）布置作业

学生小组讨论：《台阶》第 3—5 段为何要突出原来的三级台阶的美观、实用？

13 卖油翁

欧阳修

一、教学目标与学习要素

(一) 教学目标

1. 熟读课文,解释文言词句,改编和表演故事。
2. 品味关键词句,揣摩人物心理、态度和举止,欣赏人物形象。
3. 精思课文中的"冲突",体会小故事中蕴含的大道理、大智慧。

(二) 学习要素

1. 诵读文言文、文言实词的形音义。
2. 文言笔记小说:"冲突"。
3. 精读法(熟读精思)。

二、文本解读

(一) 课文整体解析

本文是宋代文学家欧阳修在笔记小说集《归田录》中记述的一则故事。

课文第一句"陈康肃公善射,当世无双,公亦以此自矜",简明扼要地介绍了陈尧咨的出众才能和狂傲个性。"康肃"是朝廷根据陈尧咨生前事迹与品德授予他的谥号。作者以"陈康肃公"称陈尧咨,一是表达尊敬,二是表明陈尧咨已经去世;"善射""当世无双"是对其才能的评价;"公亦以此自矜"则直接点明其恃才傲物、骄矜暴躁的个性。

课文随后记述了卖油翁对陈尧咨善射的不以为然,并演示倒油绝技,油穿过铜钱方孔而未沾湿铜钱。卖油翁以此讽喻因善射而自负的陈尧咨,精湛的技艺无非是反复练习的结果,没有什么值得夸耀的。这个故事让人们联想到成语"熟能生巧",典故"术业有专攻",还有俗语"人外有人,天外有天""高手在民间"。卖油翁看上去正是一位大隐于市的民间高手,他不仅练就一手倒油的好功夫,还很会讲道理,用一个小绝活、一个巧妙的类比、一句深入浅出的话,便令心高气傲的陈尧咨怒气顿消,心悦诚服。

本篇故事虽短,但记述简洁生动,情趣盎然,人物形象鲜明,哲理深入浅出,是学生了解传统文化、学习浅易文言文、增强文言语感的经典作品。

(二) 重点语句细读

1. 第1段第②③句:尝射于家圃,有卖油翁释担而立,睨之久而不去。见其发矢十中八九,但微颔之。

这是故事的开端,写卖油翁斜眼看陈尧咨射箭,只略微点头。卖油翁站在陈尧咨家的园子旁边观看主人射箭,虽然什么话都没说,可他没有睁大眼睛表示惊羡,而是侧头斜着眼看,一副见惯不惊的样子;陈尧咨射箭虽然没有百发百中,但也"十中八九"了,卖油翁既没有欢呼喝彩,也没有为"一二未中"遗憾,只是"微颔之",一副"不过如此"的模样。

卖油翁的神态,在任何人看来,都含有不屑的意味,必然引起对方的不快,何况是心高气傲、性情暴躁的陈尧咨。于是,冲突发生了。引发冲突的主要因素在卖油翁的态度上。

2. 第2段第①②句:康肃问曰:"汝亦知射乎? 吾射不亦精乎?"翁曰:"无他,但手熟尔。"

这是故事的发展,写卖油翁被陈尧咨质问,以直言评价射箭。陈尧咨的质问,显然与卖油翁的态度有关,他着实激怒了陈尧咨。古人讲究身份尊卑、长幼有序,陈尧咨虽然身份尊贵,但对老者直接称"汝",还是显得很不客气。如果把这两个疑问句换成陈述句,表达的意思就是:"你这卖油老头儿根本不懂射箭! 你根本看不明白我射箭射得有多好!"不过,陈尧咨毕竟是中过状元的士大夫,对平民老者说话,保持了起码的修养,他没有咄咄逼人地斥责,而是用了相对柔和的"亦……不亦……",但是,这仍然透露出了陈尧咨的盛气凌人。

陈尧咨生气质问,冲突一触即发,卖油翁既没有慌张逃跑,也没有顺势吹捧,而是不卑不亢地淡然回答:"无他,但手熟尔。"这种语气和态度彻底激怒了陈尧咨,他不由大声怒斥,冲突升级的重要原因也在卖油翁的语气和态度上。

3. 第2段第③—⑥句:康肃忿然曰:"尔安敢轻吾射!"翁曰:"以我酌油知之。"乃取一葫芦置于地,以钱覆其口,徐以杓酌油沥之,自钱孔入,而钱不湿。因曰:"我亦无他,惟手熟尔。"

这是故事的高潮,写卖油翁被陈尧咨怒斥,用现场倒油来应对。卖油翁前面的回答彻底激怒了陈尧咨,他无法克制,不再"问曰",而是怒形于色地"忿然曰",

并使用了语气更为强烈的"尔安敢轻吾射!""尔"与"汝"意思都是"你",但"尔"更多了层居高临下的意味。如果前两句算是质问,后一句就是怒斥了。这一句不仅充满了傲慢,更显现出陈尧咨的暴躁。

面对陈尧咨的怒火,卖油翁平静地回答:"以我酌油知之。"这显然是早已成竹在胸的回答。接下来,卖油翁面对陈尧咨逼人的气势不慌不忙地表演了倒油绝技,心不慌,手不抖,神闲气定,"置""覆""酌""沥"四个动作一气呵成,在对方惊叹之际,卖油翁趁势强调:"我亦无他,惟手熟尔。"卖油翁以不卑不亢的沉稳和充满智慧的应对,令对方的心理优势瞬间土崩瓦解。卖油翁用小绝活、类比法,一语中的,深入浅出地阐明了大道理,令陈尧咨心服口服,征服了骄横冲天的陈尧咨,一场冲突瞬间烟消云散。

4. 第2段第⑦句:康肃笑而遣之。

这是故事的结局,写卖油翁被陈尧咨笑着打发走,冲突化解。陈尧咨的"笑"中有会意,有尴尬,也有解嘲,"笑"和"遣"表现出陈尧咨豁达爽快和有自知之明的一面。

三、教学过程

(一) 导入

师生交流:"冲突"。

提示:冲突——矛盾、对立。

冲突有起因、经过、结果(开端、发展、高潮、结局)。

课文《卖油翁》中的冲突:陈尧咨怒怼卖油翁。

(二) 活动设计

▲ 活动设计一:围绕"冲突"编写剧本

1. 熟读课文,了解文中二人的冲突,背诵陈尧咨的话、卖油翁的话。
2. 编写两个版本的课本剧《卖油翁》:古代汉语版、现代汉语版。

提示:(第1段)卖油翁斜眼看陈尧咨射箭,只略微点头。〖开端〗

(第2段第①、②句)卖油翁被陈尧咨质问,直言评价射箭。〖发展〗

(第2段第③—⑥句)卖油翁被陈尧咨怒斥,用现场倒油来应对。〖高潮〗

(第2段第⑦句)卖油翁被陈尧咨笑着打发走,冲突化解。〖结局〗

3. 表演以上两个版本的课本剧《卖油翁》,观众点评。

提示：陈尧咨——骄矜自大(恃才傲物)、傲慢暴躁、轻视他人(盛气凌人)；
　　　　　　技艺高超(武艺高强、身手不凡)、通达爽快、有自知之明。
　　　卖油翁——技艺高超(技术娴熟、身手不凡)；
　　　　　　　深谙事理、聪明睿智、善于说教；
　　　　　　　沉稳淡定(神闲气定、不卑不亢)。

▲ **活动设计二：讨论"冲突"产生的原因**
1. 寻读文中二人"冲突"的表现：康肃问曰："汝亦知射乎？吾射不亦精乎？"
　　　　　　　　　　　　　　　康肃忿然曰："尔安敢轻吾射！"
2. 讨论文中二人"冲突"之源。
提示：① 陈尧咨以"善射"而"自矜"(骄傲、自负)；
　　　② 卖油翁"睨之"，"微颔之"；
　　　③ 卖油翁曰："无他，但手熟尔。"

▲ **活动设计三：探究化解"冲突"的智慧**
1. 寻读文中二人"冲突"的结局：康肃笑而遣之(尴尬、信服)。
2. 小组探究卖油翁化解"冲突"的智慧。
提示：① 善用类比，以理服人，以德服人。
　　　　道理——熟能生巧。
　　　　启示——熟能生巧；实践出真知；业精于勤；满招损，谦受益……
　　　② 展示绝技，以艺服人，以言服人。
　　　　卖油翁酌油技艺精湛。
　　　　(卖油翁)因曰："我亦无他，惟手熟尔。"

(三) 课堂小结

这节课，我们进一步运用精读法，对文言课文熟读精思，通过表演课本剧、讨论冲突产生之源、探究化解冲突之智等活动，与作者欧阳修展开深入对话，由"文"入"心"，尽可能理解其写作意图。

(四) 布置作业

《卖油翁》原文的结尾：此与庄生所谓解牛斫轮者何异？
学生小组讨论这个结尾是否应该删去。
提示：这是一个开放性问题，可删可不删，言之成理即可。

写作　抓住细节

一、教学目标与学习元素

（一）教学目标

1. 在阅读时，能识别和点评细节描写。
2. 在写作时，会抓住细节和描写细节。

（二）学习元素

1. 细节及其作用。
2. 细节描写的要求及其方法。

二、教学建议

细节描写是对人物、景物、事件等表现对象的细微刻画。

细节描写往往能起到以小见大、画龙点睛的作用。

在写作时，要学会抓住细节，具体来说要注意以下几点：

（一）真实。真实的细节是作者对生活细致观察的结果，能写出作者当时真切的感觉，让人难忘。

（二）典型。细节贵在精而不在多，要善于抓住最能反映人物性格特征的细枝末节来写。

（三）生动。细节描写用语要生动、简洁，让读者如历其事、如见其人、如临其境、如睹其物。

三、教学过程

（一）导入

师生共读教材，了解细节和细节描写。

提示：

细节——生活中微小的细枝末节。细节能在微小之处表现写作对象的特征或作者的情感态度，并给予读者深刻的印象。

细节描写——对事、人、境(景)、物等写作对象的细微刻画。

细节描写的作用——推进故事情节、表现人物性格、烘托人物心情、创设环境氛围、深化作品主题。

在写作时,"抓住细节、描写细节"的注意点:真实、典型、生动。

(二) 活动设计

▲ 活动设计一:猜人物

听读下列文字,猜猜"他(她)是谁"。

(1) 他面色死灰,两只眼上都结着一层翳,分不清哪一只瞎,哪一只不瞎。说得可笑些,他简直像棺材里倒出来的,就像我想象里的僵尸,骷髅上绷着一层枯黄的干皮,打上一棍就会散成一堆白骨。——( )

(2) "哥儿,有画儿的'三哼经',我给你买来了!"——( )

提示:(1) ——(老王)

(2) ——(阿长)

▲ 活动设计二:改习作

1. 修改习作中的细节描写。

读一读前两个单元写的作文,看看是否做到了抓住细节进行描写。根据下面的提示,就其中的某一处做出修改。

提示:

(1) 修改时,注意写一些能表现人物的外貌、语言、动作或心理特点的细节。

(2) 带上自己的情感。比如赞赏或厌烦某个人,可以在用词或者语气上有所体现,也可以直接写自己的评价。

(3) 将修改处和原文对比着读一下,体会修改后的优点。

2. 交流修改成果。

▲ 活动设计三:写片段

1. 描写照片中的细节。

照片记录了生活的瞬间,也记载了生命中的故事。拿出准备好的照片(预习时从家里找一张自己喜欢的照片),以"照片里的故事"为题,写一个片段。150字左右。

提示:把细节写具体,如摄影,用"分镜头"、"慢镜头"、"特写镜头"等。

把细节写生动,融入心情、有画面感、有戏剧感等。

2. 展示、评点片段作品。

(三) 课堂小结

师生共同总结本次课的所学和所获：识别细节、描写细节。

(四) 布置作业

我们的记忆中总会有许多难忘的时刻。所谓难忘,可能是惊喜、兴奋、有趣,也可能是惭愧、尴尬,甚至是难堪。回忆一下自己的某个难忘的时刻,并以"_____的那一刻"为题,写一篇作文。不少于500字。

名著导读 《骆驼祥子》圈点与批注

一、教学目标与学习元素

(一) 教学目标

1. 掌握"圈点批注法",知道圈点勾画什么、鉴赏批注什么。
2. 会用"圈点批注法",在名著阅读中养成习惯,能撰写读书报告和举行读书交流会。

(二) 学习元素

1. 圈点批注法及其运用时的注意点。
2. 撰写读书报告、举行读书交流会。

二、教学建议

培养阅读整本书的能力和兴趣。

掌握一种读书的方法:圈点批注法。

三、教学过程

(一) 导入

向同学介绍"圈点与批注"。

提示:

圈点批注法——一种传统读书方法,一边勾画文字,一边撰写评语。

运用"圈点批注法"的注意点——

1. 在文中圈点勾画:重点、难点、疑点、动情点、引思处。
2. 在旁边批注:从语言形式和文章内容两大方面着手,撰写评语;展开联想、想象,补充原文内容;表明自己的见解,写出心得体会。
3. 反复阅读,多次圈点批注,每次各有侧重,循序渐进:字词→语句→段落→篇章。
4. 自定一些圈点、批注的符号:画圆点或圆圈,表示精警之处;标问号,表示质疑;标感叹号,表示强调;画直线,表示需着重记忆或领会;画波浪线,表示是重要语句;画竖线或斜线,表示段落层次的划分;等等。

(二) 活动设计

▲ **活动设计一:读文猜人**

听读下列文字,猜猜"他(她)是谁"。

(1) 他二十来岁的人,个子很大很高。圆眼,肉鼻子,两条眉很短很粗,头上永远剃得发亮。腮上没有多余的肉,脖子可是几乎与头一边儿粗;脸上永远红扑扑的,特别亮的是颧骨与右耳之间一块不小的疤——小时候在树下睡觉,被驴啃了一口。——(   )

(2) 她十九岁,圆脸,眉眼长得很匀调,没有什么特别出色的地方,可是结结实实并不难看。上唇很短,无论是要生气,还是要笑,就先张了唇,露出些很白而齐整的牙来。——(   )

提示:(1) ——(祥子)

(2) ——(小福子)

▲ **活动设计二:掌握批注"工具"**

1. 研读"圈点与批注"示例(《骆驼祥子》中的片段)。
2. 结合运用圈点批注法的四个注意点,开发"工具"。

提示:

鉴赏	形式 ① 怎样写的 (体裁、写法)	内容 ② 写些什么 (对象、题材)	内容 ③ 为什么这样写 (特点、效用)	形式 ④ 为什么写这些 (特点、主旨)	朗读

▲ **活动设计三:举行读书交流会**

1. 全班共读《骆驼祥子》。
2. 分小组进行专题探究。

专题一:给祥子写小传

提示:以主人公祥子的奋斗和毁灭为线索,写一篇人物小传,完整勾勒祥子一辈子的经历。

专题二：探寻悲剧原因

提示：祥子的一生，是一个悲剧。悲剧的原因何在？精读一些章节，查阅一些资料，写下自己的探究结果。

专题三：话说"洋车夫"

提示：《骆驼祥子》留下了关于老北京洋车夫这一行当的珍贵历史纪录，根据书中文字来梳理和介绍其职业特点、人员构成、生活状况等。

专题四：品析"京味儿"

提示：在老舍笔下，老北京的人情风俗、市井生活、北京人的语言习惯等都散发着浓浓的"京味儿"，选择一个角度，摘录一些片段，品析《骆驼祥子》如何体现这一特点。

3. 写一篇读书报告。

4. 举行读书交流会，分享阅读体验和探究成果。

（三）课堂小结

师生共同总结本次课的所学和所获：一种读书方法——圈点批注法；一个批注"工具"——鉴赏表；撰写读书报告和举行读书交流会。

（四）布置作业

全班共读罗广斌、杨益言写的《红岩》或柳青写的《创业史》(第一部)，学生小组集体撰写一篇读书报告，并在班里举行一次读书交流会。

单元练习

1. 阅读《阿长与〈山海经〉》,简要回答:第13段中"空前的敬意"与第26段中"新的敬意"的含义是否相同?为什么?

2. 阅读《阿长与〈山海经〉》,简要分析:第17段第①②句中"实在"、"不能不惊异"、"伟大的神力"的表现力。

3. 阅读《老王》第1—5段,简要回答:这五段写出了老王的哪些不幸?

4. 阅读《老王》第8—16段,梳理"我"的心理活动,在下列横线上填写合适的词语:

吃惊→＿＿＿＿→＿＿＿＿→＿＿＿＿→抱歉

5. 阅读《台阶》,简要回答:这篇小说向读者提出了一个问题——勤劳执着的父亲辛苦劳碌半生造好了台阶却并没有获得想象中的满足,反而充满了困惑、迷惘和无奈,原因何在?请依据课文内容,写出你对这个问题的认识。

6. 阅读《台阶》,简要分析:标题"台阶"在文中的多层含义。

7. 阅读《卖油翁》,简要分析:"汝亦知射乎"与"我亦无他"中都用到"亦",强调的内容有何差异?

8. 阅读《卖油翁》,完成单项选择:下列说法不正确的一项是(　　)。
A. 文中二人各自技艺精湛,告诉人们"熟能生巧"的道理

B. 朗读"睨之久而不去"应这样处理停顿：睨之久/而不去
C. 文中康肃的"笑"暗含尴尬、信服，表现了他的自知之明
D. 上文作者的行文线索有二：卖油翁的言行、陈康肃的心理

解 析

1. 检测点：精读和分析含有反复出现的词语的关键语句。

参考答案：不同。第13段"空前的敬意"表达了"我"听长妈妈讲"长毛"故事后的心理感受。长妈妈讲的故事荒诞不经，"我"不但不怀疑、不反驳、不反感、不恐惧，反而产生"敬意"，这样表达有反讽意味，体现了作者对长妈妈和童年自己的愚昧无知的调侃。第26段"新的敬意"是正面抒情，在没有人关注到自己的心理需求时，只有保姆长妈妈关注到了，并且满足他的需求了，这对一个孩子的成长有举足轻重的积极影响，所以作者发出由衷的赞叹。

2. 检测点：精读和分析带有夸张意味的词语。

参考答案：运用"实在"、"不能不惊异"、"伟大的神力"等带有夸张意味的词语，表达了"我"对长妈妈由衷的敬畏之情。长妈妈讲"长毛"，内容荒诞不经，而"我"不但没有表示怀疑，进行反驳，反而逐步延伸下去，其背后荒谬的逻辑带来了幽默、辛辣的特殊表达效果。

3. 检测点：精读和提炼信息，把握老王作为"小人物"、"不幸者"的特点。

参考答案：(1)工作差，是个蹬三轮的单干户(职业条件差，卖苦力，失群落伍)；(2)有两个侄儿，"没出息"，此外没什么亲人(亲戚条件差，孤独无依)；(3)一只眼瞎，另一只眼患夜盲症(生理条件差，有缺陷)；(4)被人说年轻时不老实(舆论环境差，被诟病)；(5)在破落的大院里住塌败的小屋(居住条件差，住陋室)。

4. 检测点：精读和体会散文作者的心理和思想感情。

参考答案：吃惊→感动→害怕→担心→抱歉

（感谢）

5. 检测点：精读和分析小说主人公悲剧命运的成因，深入理解小说的主题。

参考答案：浅层原因——地位高是"因"，台阶高是"果"，父亲颠倒了因果，改果推因，是不可能的；地位高是"里"，台阶高是"表"，父亲搞错了表里，变表换里，是不正确的。深层原因——"台阶高，屋主人的地位就相应高"的思想观念本身是错误的、落后的，却植根于父亲这样愚昧的农民的心底，造成了他最终空虚、寂寞

的悲剧。

6. 检测点：精读和分析小说的标题，准确把握文章的重点和意蕴。

参考答案：(1)"三级台阶"是父亲人生的底色：热爱生活、争取幸福。(2)"高台阶，有地位"是父亲人生的信念：热爱生活、价值观已觉醒但依然守旧落后。(3)"造一栋有高台阶的新屋"是父亲人生的追求：自尊自强、有理想有追求。(4)"九级台阶"是父亲人生的杰作(巅峰、勋章)：老实厚道、吃苦耐劳、坚忍不拔。(5)从坐"九级台阶"到坐属于母亲的门槛是父亲人生的归宿：衰老、空虚、寂寞、困惑、失望、难过、悲哀。

7. 检测点：精读和分析文言词语的表现力。

参考答案：前者运用副词"亦"，强调"不同"——不同的身份、不同的技艺，突出表现陈尧咨对卖油翁不屑的态度，凸显其"自矜"傲慢的形象特点。后者运用副词"亦"，强调"相同"——技艺有相通之处、所蕴含的道理(规律)相同，突出表现卖油翁对"熟能生巧"道理的深刻理解，凸显其沉稳练达的形象特点。

8. 检测点：精读和分析文言短文的主旨、人物特点和结构形式，同时注意诵读与句读。

参考答案：B。

第四单元

单元教学目标

1. 在规定时间内进行略读,根据阅读目的或需要筛选重要信息,其他部分的文字可快速阅读。
2. 在规定时间内,依据一定标准,梳理行文思路,概括主要内容。
3. 在阅读文章的基础上,说出对内容和表达的心得。

单元内容框架

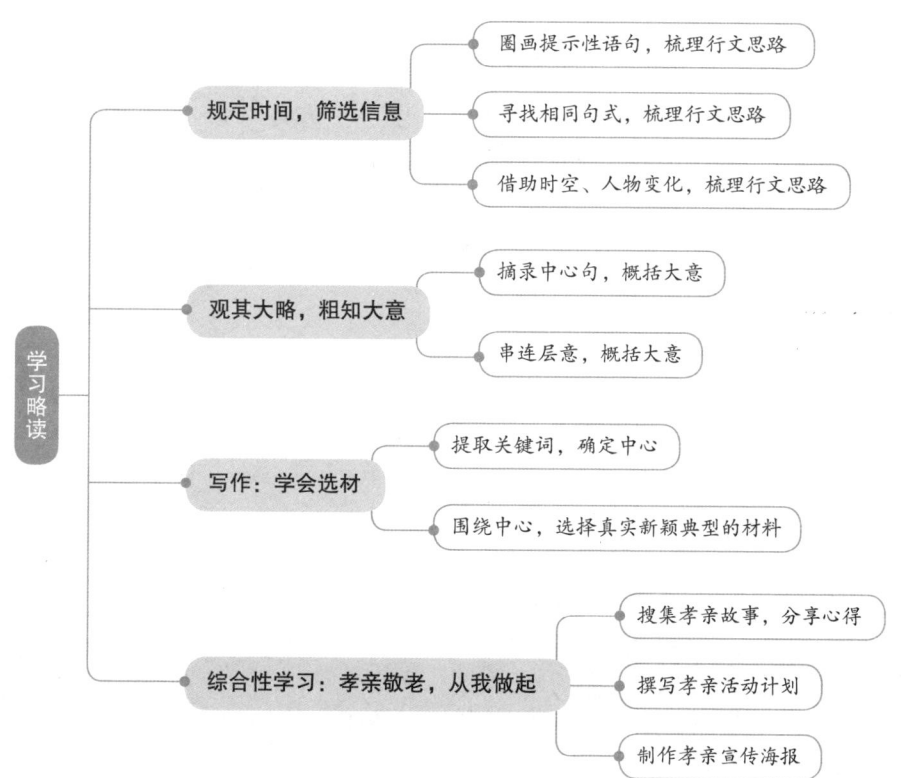

单元设计说明

本单元文章从不同角度展现了中华美德以及时代对这些美德的呼唤,文体有散文、小说、议论文和古代文体"铭"、"说"。

《叶圣陶先生二三事》通过记述叶圣陶先生生活和工作中的小事,赞颂追思叶老宽厚待人、严于律己的"人之师表"风范节操。《驿路梨花》开篇设置悬念,构成波澜起伏的情节,以回环递进的形式,歌颂人性的良善、纯美和利他精神的传递。《最苦与最乐》从责任之未尽与尽,谈人生的最苦与最乐,鼓励人们勇于负责,学习待人处世的正确态度。《陋室铭》通过对陋室内外生活环境、生活状态的描述,凸显"陋室不陋",表现了室主人高雅的志趣和豁达乐观的人生态度。《爱莲说》借莲花以自况,以"菊之爱"、"牡丹之爱"衬托"莲之爱",层层深入表现作者洁身自好的高尚情操和对追名逐利世风的鄙弃。

本单元写作教学是学习怎样选材:认识直接材料和间接材料;学习选材的方法。

综合性学习"孝亲敬老,从我做起",主要学习内容为:策划"孝亲敬老"活动方案;组织开展"孝亲敬老"活动;分享"孝亲敬老"体会感受。通过综合学习活动,将对孝亲敬老的认识落实到日常生活中。

14　叶圣陶先生二三事

张中行

一、教学目标与学习要素

（一）教学目标

1. 在5分钟内略读全文。勾画提示性关键语句，划分层次，概括主要事件。
2. 辨析简明的语言，说出对人物的心得，理解作者的思想感情。

（二）学习要素

1. 节制的描述中所灌注的作者独有的思想情感。
2. 明白如话又蕴含深厚的语言表达。

二、文本解读

（一）课文整体解析

《叶圣陶先生二三事》是学者、散文家张中行在叶圣陶先生逝世三个月后写的纪念性散文。原文四千多字，入选教材时删改成两千余字。

作者从亲历、听闻两方面取材，叙写了叶圣陶先生工作生活中的几件小事，表现了叶老待人宽厚，严于律己，践行儒家思想的君子风范，表达了作者对叶老的追思、仰慕之情。

文章采用总、分、总的结构，行文思路清晰明了。1—2段是第一部分，开篇由听闻叶圣陶先生逝世消息的深重悲哀之情引入，总写叶老以"立德"居首，"既是躬行君子，又能学而不厌，诲人不倦，所以确是人之师表"。3—8段是第二部分，分写叶圣陶先生待人厚、律己严的几件小事。第9段是第三部分，以"常常想到他的业绩"作总结，表达无尽的怀念与崇敬之情。

《叶圣陶先生二三事》在立意选材、谋篇布局上有着独到的眼光。

第一，关于记事。文章所叙之事平常、细小、繁杂，但颇具匠心。

1. 井然有序，杂而不乱。全文围绕"立德"，先写叶圣陶先生"待人厚"，再写他的"律己严"，分别展现其为人处事的君子风范。"待人厚"之事，描画标点，修润文章是"文字交往"中的小事；恭送客人，写信慰问作者是叙述"日常交往"中的小事。

从文字交往到日常交往,囊括了叶老"待人厚"的方方面面。"律己严"之事,先写"总的用语",再强调"写作零碎的各个细节",叶老都认真至极,力求妥帖完美,先总后分,小事情彰显大品格。

2. 角度多样,详略得当。文章从多个角度选择了与叶圣陶先生相关的七则材料。从内容上看,有叶先生与别人交往方面的,也有叶先生语言运用方面的主张。与人交往,有文字上的交往,也有日常生活的交往。从来源上看,有些材料是听来转述的,有些材料是作者亲身经历的。七则材料的详略安排也独出心裁。写叶圣陶先生给吕叔湘的文章描画标点,这是转述听闻的事件,略写;同叶圣陶先生一起编课本,这是作者所亲历,印象深刻,所以详写。略写叶圣陶先生"送客",详写作者接到叶老来信,也是出于这样的考虑。

第二,关于评价。纪念性写人叙事散文,既要记事,又要恰如其分给予评价。

文章对叶圣陶先生总的评价,"叶老既是躬行君子,又能学而不厌,诲人不倦,所以确是人之师表。"第3、4、6、8段段首都有对叶老的高度评价。这些评价性的句子分别对应不同的材料,不仅提示行文思路,还蕴含着作者对叶老深厚的情感。比如,第3段开头"凡是同叶圣陶先生有些交往的,无不为他的待人厚而深受感动",这个评价性语句中的"凡是"、"无不"、"有些"强调在同叶老有交往的这个范围里所有的人,哪怕交往不是很深,都为叶老的"待人厚"所感动。作为语文教育的同行,作者对叶圣陶先生的品行充满敬意、感同身受。作者把深沉的怀念和深挚的敬仰之情潜藏在这些朴实的语言之中。

(二) 重点语段细读

本文的用语正如叶圣陶先生倡导的那样"简明如话"。

1. 我第一次见到叶圣陶先生,是五十年代初,我编课本,他领导编课本。这之前,我当然知道他,那是上学时期,大量读新文学作品的时候。

三层意思用两个短句表达,语气舒缓,读来顺口,如同日常说话一般。"我编课本,他领导编课本"。两句再明白不过的简单句,10个字,交代了和叶老初识的缘由,随意中透着亲切。

2. 叶圣陶先生是单一的儒,思想是这样,行为也是这样。这有时使我想到《论语》上的话,一处是:"躬行君子,则吾未之有得。"一处是:"学而不厌,诲人不倦,何有于我哉!"两处都是孔老夫子认为虽心向往之而力有未能的,可是叶圣陶先生却偏偏做到了。因此,我常常跟别人说:"叶老既是躬行君子,又能学而不厌,诲人不倦,所以确是人之师表。"

第二段主要总写叶圣陶先生的品格,《论语》中"躬行君子"与"学而不厌,诲人不倦"是"圣人"心向往之而力有未能,可是叶圣陶先生却"偏偏"做到了。"偏偏"是跟预料、常理相反的意思,圣人都"未之有得"的,叶圣陶先生却能做到,用叠声词作副词,作者的钦佩、推崇之情尽显其间。同时,"偏偏"又与"立德"方面"叶圣陶先生总当排在最前列"是一种严谨的照应。

三、教学过程

第一课时

(一) 课时目标

1. 在 5 分钟内略读全文。勾画提示性关键语句,划分层次,概括叶圣陶先生二三事。

2. 辨析简明的语言,说出对人物的心得。

(二) 导入

学习单元导语,介绍本单元阅读技能——略读。

> 略读,是提纲挈领地把握阅读材料的基本内容、主要思想和技法的阅读方式。不出声、不指读、不回看,每分钟约 400 字。
>
> 略读三步骤:(1)快速阅读文章,了解内容大意。(2)根据一定的目的或需要确定阅读重点,可以关注段首句、过渡句、总结句、提示性关键语句,可以跳过某些细节,以求抓住文章的主要内容。(3)重览重点。

(三) 活动设计

▲ **活动设计一:略读与勾画**

5 分钟略读课文,勾画过渡性、评价性或提示性关键句。

明确:例如第 4 段段首"文字之外,日常交往。他同样是一以贯之,宽厚待人。"这句过渡句提示第 3 段写的是有关文字交往方面的材料,第 4 段写的是日常交往方面的材料。

又如第六段段首"以上说待人厚,是叶圣陶先生为人的宽的一面。他还有严的一面,是律己",这句过渡句提示第 3 至第 5 段写叶圣陶先生"待人宽",第 6 段开始写"律己严"的材料。

第 8 段中"上面说的是总的用语方面。零碎的,写作的各个方面,小至一个标点,以至抄稿的格式,他都同样认真",这句过渡句提示第 7 段写"总的用语方面",第 8 段写"零碎的各个方面"。

提示性的句子如第 3 段两句"前些年,一次听吕叔湘先生说"以及"我同叶圣陶先生文墨方面的交往,从共同修润课本的文字开始",从这两句可以推知,这个段落中有两则材料。

第 7 段段首"在文风方面,叶圣陶先生还特别重视'简洁'"是该段的提示语。

▲ 活动设计二:总览"二三事"

梳理叶圣陶"二三事",完成思维导图。

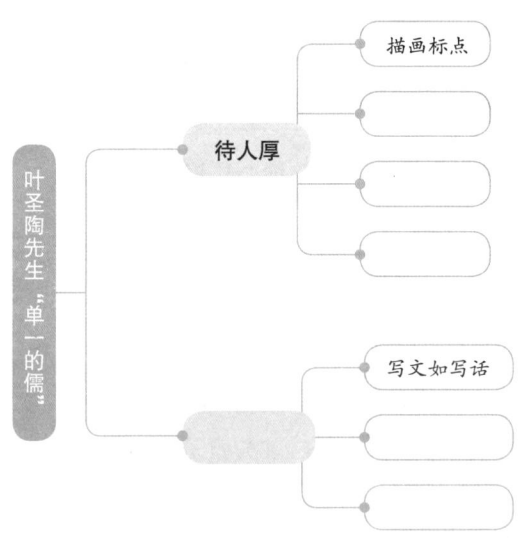

明确:叶圣陶"待人厚"的事件有描画标点、修润文章、恭送客人、回信给"我",叶圣陶"律己严"的事件有写文如写话、文风重简洁、写作求完美。

▲ 活动设计三:与作者比用词

1. 学生不看课文,在括号中填写或选择合适的词语。

有人到东四八条他家去看他,告辞时,客人(　　)(A. 劝阻　B. 拦阻)他远送,无论怎样说,他(　　)(A. 一定　B. 还是　C. 一定还是)走过(　　)道门,(　　)

道台阶,送到大门外。告别,他鞠躬,口说谢谢,看着来人上路(　　)转身回去。他晚年的时候已经不能起床,记得有两次,我同一些人去问候,告辞时,他还举手打拱,(　　)地说谢谢。

2. 组织学生评说括号中词语的内涵。

明确:"劝阻"是语言上的,就是说客套话,"拦阻"则是行为上不让再前送,是真心的、诚恳的。"一定还是"连着两个副词强调叶老送客态度的坚决。"三道门"、"四道台阶"、"才"这些词语都写了他送客送得很远,持续的时间久。"不断"表明后来叶老已经不能起床了,他是想多说一些"谢谢"来弥补他不能把客人送到门外的歉意。

3. 学生交流叶老待人的特点:礼数周全、真诚厚道、尊重他人。

▲ **活动设计四:编辑一条微信**

1. 找出第5段中作者的处境信息。

("大概是七十年代中期某年的春天吧,我以临时户口的身份在妻女家中小住……不是为自己的颠沛流离……")

2. 补充叶老和作者当时的处境信息。

文革十年作者的处境:文革十年,作者在凄凉中告别了妻女,一个人回到了乡下快要倒塌的老房子里,独居多年。最惨痛的是没有北京户口,每次回京探望妻女,都遭受几番羞辱。

文革十年叶老的处境:叶老成了文教界被打倒的"祖师爷"。语文课本没有了,建立的语言规范崩塌了。

3. 结合文中的信息和教师提供的补充信息,根据课文第五段的内容,就作者探望叶老不遇一事,以叶老的口吻给作者回复一条微信。

示例:没有见到你,我非常悔恨,昨天真不该去天坛看花。想到你身处困顿还念及于我,感动不已。想来你在京城工作这么多年,如今却只能偶尔回京看望妻女,还居无定所,权且居于旅店,深感悲痛,世道唯艰,还望多加保重!

4. 学生交流微信,并体会叶老待人的特点:重情重义,真诚厚道,关爱友人。

(四)课堂小结

本堂课我们运用略读的一般策略,迅速把握了文章的结构,概括了文章主要内容。通过品悟作者简明的叙述语言感受了叶老"待人厚"的君子风范。下一节课,我们将继续走近作者的情思。

(五) 布置作业

本文语言简洁、感情真挚,一些副词的使用,使得语义更加凝练深沉,请尝试找出这些副词,体会表达效果。

第二课时

(一) 课时目标

1. 辨析简明的语言,说出对人物的心得。
2. 体会作者对叶圣陶先生的深情。

(二) 导入

上节课我们通过略读,明晰了文章的脉络层次,梳理了叶圣陶先生待人宽、律己严的7则材料,一起触摸了作者平实质朴又内蕴深厚的语言,同时走近待人宽厚的叶圣陶先生,感受了叶老的精神品格。这节课我们继续感受叶老"律己严"的一面,并体会作者独有的情思。

(三) 活动设计

▲ **活动设计一:编写微辩论词**

1. 根据第6、7、8段内容,围绕"语言运用"主题,为叶老和有的人编写微辩论词。

示例:

★叶老:写文章就要简明如话。

☆有人:文章让人一看即明白就不高明了,用语要朦胧。

★叶老:说话要说清楚,让人能听明白,写字要写得清楚,让人看得懂,要为别人着想。此外,写话还要特别重视"简洁"。

☆有人:写话多一两个字应该无妨。

★叶老:可简就决不该繁。你写成文章,给人家看,人家给你删去一两个字,意思没变,就证明你不行。

☆有人:对于细枝末节的零碎方面不必太较真。

★叶老:写作的零碎的各个方面也决不能放松,而且要一以贯之执行下去。

2. 交流辩论词,并说出感受到的叶老之精神品格。(治学严谨,严于律己,为

人着想）

▲ **活动设计二：我来做批注**

作者所叙之事都是叶老生活、工作中的小事，但作者却给予了极高的评价。朗读文中评价性的语句，选择句中的副词做批注。

文中对叶老的评价性语句示例：

"《左传》说不朽有三种，居第一位的是立德。在这方面，就我熟悉的一些前辈说，叶圣陶先生总当排在最前列。"

批注示例："总当"、"最"两个副词凸显在作者的心中，"立德"方面叶老是首屈一指的，无人可比。

▲ **活动设计三："明白如话"与"饱含深情"共存**

1. 细读开头，比较不同动词对表达情感的差异。

原句：万想不到这繁碎而响亮的声音也把他送走了，心里立即罩上双层的悲哀。

改句：万想不到这繁碎而响亮的声音也把他送走了，心里立即泛起双层的悲哀。

明确："罩上"比"泛起"更能表现出悲哀情感持续的时间之长、范围之广、程度之深。

2. 细读结尾，比较长句、短句的不同表达效果。

短句：叶圣陶先生，人，往矣。

长句：叶圣陶先生，人，已经离开人世了。

明确：用短句更简洁，更能表达内心的伤感。

3. 细读结尾，比较增删逗号的不同表达效果。

A：叶圣陶先生，人往矣。

B：叶圣陶先生，人，往矣。

明确：B句好。A句连起来读，语速太快、太平淡，体现不出作者因叶老离世而悲伤的心情。B句中间多了一个逗号，表现出作者的情感有了转折，在语气上也稍微有了停顿和克制。也就是说，一开始作者是激动的，后来情绪回旋了一下，稍稍顿住了。

（四）课堂小结

本堂课我们通过编写微辩论词、给评价语做批注、比读首尾的语言表达，进一步感受了叶老"律己严"的君子风范,并通过作者独特的言语表达体悟了作者对叶老深沉的追思与仰慕。

(五) 布置作业

叶圣陶先生主张作文时标点清晰、明白如话、简洁明了,请尝试从这三个方面对自己或同学过往的写作片段做些修改。

15　驿路梨花

彭荆风

一、教学目标与学习要素

（一）教学目标

1. 在规定的时间内，圈画出文中的人物。
2. 从不同叙述者的角度，简述小茅屋的故事。
3. 辨析不同的叙述者对构建情节的作用。
4. 说出文题的含义及作用。

（二）学习要素

1. 小说中的悬念推动情节发展的作用。
2. 小说选择"我"做叙述者的意图。

二、文本解读

（一）课文整体解析

《驿路梨花》是彭荆风写于1977年的短篇小说。作者经历了十年浩劫，重新展开写作的双翼，怀念在西南边陲与朴实、纯洁的少数民族人民诚挚相处的时光，创作了哀牢山深处一间小茅屋的故事，再现了少数民族淳朴的民风和互助的社会风貌，表达对美好人性回归的呼唤。

小说围绕悬念"小茅屋的主人是谁"可以分为四个部分。1—8段是第一部分，写"我"和老余在深山里赶路发现小茅屋。9—12段是第二部分，写"我"和老余借宿小茅屋，满怀感激猜测主人。13—27段是第三部分，写我们误以为来送米的瑶族老人是小茅屋的主人。28—37段是第四部分，写我们遇到梨花妹妹，了解了小茅屋的真相，并生发感慨。

《驿路梨花》是一篇带有浓郁散文笔调的小说，这和小说叙述者的选择、小说背景的设置乃至小说细节的真实密切相关。

第一，小说叙述者的选择。

小说采用第一人称"我"的视角来叙述故事，增强了小说的真实性。"我"既是叙述者也是故事中的人物,作为故事中的一个人物,"我"的视角是有限的,"我"不可能知道目之所及、耳之所闻以外的情况,因此,小说的开篇就以"我"的视角设置了悬念:"谁是小茅屋主人"？正是有了这个悬念,才有了将瑶族老人认作小屋主人的第一次误会。而在瑶族老人的讲述中,又有了将哈尼小姑娘认作小屋主人的第二次误会。一个疑问引发合情合理的误会,使得小说在较短的篇幅内形成一波三折、跌宕起伏之势,引人入胜。如果以十多年前解放军建造茅屋为故事的起点,用第三人称来讲故事,就不可能生发出以上这些误会,也就无法构建扣人心弦的情节。

第二,小说背景的设置。

小说背景的设置很重要,包括地点、时间、环境等信息,之后所有情节就在这个充满魅力的背景下展开。

小说第1、2段交代了故事发生时间、地点和事件。迷茫的暮色中,我和老余在重峦叠嶂、人迹罕至的哀牢山南段最高处赶路。小说开篇的背景信息,暗示"小茅屋"对于在深山里行路者的重要。因此,小说设置的地点、时间让简陋的小茅屋显得弥足珍贵。

小说中"梨花林"这一环境的设置,既营造了真实的情境,也渲染了美好的氛围。文中有三处写梨花的地方,洁白无瑕的梨花让人自然而然地联想到无瑕的、无私的美好心灵,以梨花象征人、象征美好情感,水到渠成。

第三,小说细节的真实。

小说的真实感主要来自细节。细致、确切、具体的细节是小说的生命,细节让故事有了说服力。比如第十段对小屋的描写,"我们推开门进去。火塘里的灰是冷的,显然,好多天没人住过了。一张简陋的大竹床铺着厚厚的稻草。倚在墙边的大竹筒里装满了水,我尝了一口,水清凉可口。"其中"冷的"、"厚厚"、"清凉可口"等词就是从触觉、视觉和嗅觉角度来描述火塘里的灰、大竹床上的稻草、大竹筒里的水。正是这些细节描写,渗透了小屋主人对过路人的满满的关怀,也使小说更具真实感。

(二) 重点语段细读

小说围绕悬念"小屋的主人是谁",对小屋有多次描写。

比如,第8段,"一座草顶、竹篾泥墙的小屋出现在梨树林边。屋里漆黑,没有灯也没有人声。"再如,第9段,"老余打着电筒走过去,发现门是从外扣着的。白木门板上用黑炭写着两个字:'请进!'"

这两处的描写传达了三点信息:第一,小茅屋是简陋的。从"草顶"、"竹篾"、"泥墙"这些词可看出小屋建造的材料显然是就地取材,是一处简易的住所。但对于在深山密林中行进的路人而言,小屋尽管简陋,但却能给人以安全和慰藉。第二,小茅屋里无人居住。由"漆黑"、"没有灯"、"没有人声"可以看出。因为无人居住,便自然而然引出了小说的悬念:这是什么人的房子呢?而这一悬念是小说情节推进的动力所在。第三,小茅屋是方便路人借宿的。"门从外扣着"和"请进"明白告诉路人,不管你是谁,只要你有需求,你就可以进去,这间小屋可以温暖所有从这里经过的路人。"白木板"上用"黑炭"写字,更加醒目,可见小屋主人极尽细心、贴心、用心,为路人着想。小屋的意义和价值便在这些细节中凸显。

三、教学过程

第一课时

(一)课时目标

1. 在规定的时间内,圈画出文中的人物。
2. 从不同叙述者的角度,简述小茅屋的故事。辨析不同的叙述者对构建情节的作用。

(二)导入

通过前一课的学习,我们认识到通过圈画文中过渡性、评价性或提示性关键语句可以迅速把握课文的主要内容,本课我们将继续学习略读的策略。

(三)活动设计

▲ **活动设计一:五分钟速读小说,圈画小说中的人物,按要求完成表格**

人物	"我"和老余			梨花
事件 (和小茅屋相关)				照料小茅屋

示例:

人物	"我"和老余	瑶族老人	一群哈尼小姑娘	解放军战士	梨花
事件 (和小茅屋相关)	借宿并修葺小茅屋	为答谢主人到小屋送米	照料小茅屋	建造小茅屋	照料小茅屋

▲ **活动设计二：变换叙述者**

1. 找出活动设计一表格中同一时空里出现的人物。

明确："我"和老余、瑶族老人、一群哈尼小姑娘

2. 重点圈画出"我"、瑶族老人与梨花妹妹的相关活动，按各自活动的先后顺序罗列。

示例：梨花妹妹在姐姐出嫁后照料小茅屋；和一群哈尼小姑娘一起去照料小茅屋时偶遇"我"、老余、瑶族老人；和我们讲述了小茅屋的来历。

3. 请分别以梨花妹妹、瑶族老人、"我"为叙述者，用第一人称简述小茅屋的故事。

示例：

叙述者：梨花妹妹

我和哈尼小伙伴们一起去山里照看小茅屋，看见三个人正在给小茅屋屋顶加草、挖深房前屋后的排水沟。他们误以为我们是小茅屋的主人，其中的瑶族老人还向我们行了个大礼。我把姐姐十年前看见解放军叔叔搭建小茅屋和出嫁前照料小茅屋的经历告诉了他们。

叙述者："瑶族老人"

我打猎时追赶一群麂子误入哀牢山，又累又饿时看到了梨花林旁边无人的小茅屋，吃用了屋里的食物。我从一个赶马人那里打听到小屋的主人是一个叫梨花的哈尼小姑娘。一个月后的一天，我给小茅屋的主人送粮食，借宿屋里的两个人误以为我是小茅屋的主人。我把打听到的情况告诉了他们。第二天，我们在修葺小茅屋时碰到了一群哈尼小姑娘。我们都误以为其中的梨花妹妹就是小茅屋的主人。最后，梨花妹妹将解放军搭建小茅屋、姐姐照料小屋、姐姐出嫁后自己和小伙伴们接替照看小茅屋的情况告诉了我们。

叙述者："我"

我和老余行进在哀牢山，正担心要露宿山间时发现了梨花林边的小茅屋。我们借宿在小茅屋，误以为来送米的瑶族老人是小屋的主人。听他讲述后又误以为梨花是小屋的主人。第二天，我们三人修葺小茅屋时遇到了来照料小屋的梨花妹妹和一群哈尼小姑娘。听梨花妹妹讲述了解放军搭建小茅屋、姐姐照看小茅屋的

经历后解除了误会,了解了小茅屋的真相。

▲ **活动设计三:评选最佳叙述者**

以梨花妹妹、瑶族老人、"我"为叙述者来讲小茅屋的故事,谁讲的故事更吸引人?评选最佳叙述者,并阐明理由。

示例:瑶族老人讲小茅屋的故事时比梨花妹妹讲故事时多出一个误会,小说产生了两个误会,"我"作为叙述者比瑶族老人讲故事再多出一个误会,共产生了三个误会。同时,以过路人"我"的视角来叙述,故事中始终贯穿了一个需要揭开谜底的问题——"房屋的主人是谁"。所以用"我"做叙述者,一波三折,更具吸引力,当之无愧成为最佳叙述者。

(四)课堂小结

本堂课我们继续学习了略读的策略,关注主要人物和相关事件,迅速把握了小说内容,探究了小说对叙述者的选择及其意图。下一堂课,我们将继续探究小说中的环境设置,把握小说的主旨。

(五)布置作业

1. 以第三人称,按小茅屋搭建、维护的顺序简述故事。
2. 比较用第一人称和第三人称叙述故事所呈现的不同的表达效果。

··· 第二课时 ···

(一)课时目标

1. 交流小说背景对表现主人公形象的作用。
2. 说出小说标题的含义。

(二)导入

上一课我们通过变换叙述者,发现小说选择"我"做叙述者的妙处。阅读小说除了要关注小说的叙述视角,还要关注情节展开的场景,比如"小茅屋"和"梨花"。

(三)活动设计

▲ **活动设计一:写解说词或画插图(二选一)**

1. 写解说词:假设你是经常去照料小茅屋的梨花妹妹,请根据小说 8—12 段的内容,发挥合理想象,写200字左右的小茅屋解说词,将小茅屋介绍给想要借宿的路人。解说词中包含小屋的建材、小屋内部的布置及其为什么这样布置的设想。

2. 小茅屋解说词示例:

亲爱的路人,当您在山间走累了,这座草顶、竹篾泥墙的小屋可以让您暂时歇歇脚!您一眼就能看见小屋的门是从外扣的,随时可以进屋。如果您还不放心,白木板上用黑炭写的"请进"应该足够醒目。走进小屋,我们提供了您此刻最需要的"水"和"床"。床是就地取材的大竹床,铺上厚厚、软软的干草,可以让您休整一夜,明天再赶路。"水"是新鲜、清凉可口的山间泉水,您可以放心饮用。当然,我们知道在山间赶路,您一定又累又饿,所以,我们还准备了"米、盐巴、辣子、干柴",您只要坐在大竹床上,一抬头就可以看见梁上的字,我们特地写得又粗又大。但愿这座简陋的小屋能撵走您的疲劳和饥饿,带给您安全和温暖!

3. 学生交流小茅屋解说词或为小茅屋画插图。

4. 学生就小茅屋解说词进行交流,感受到了小茅屋主人哪些闪光点?(或结合插图联系内容谈小茅屋主人的闪光点。)

明确:细心、贴心、用心、周到、善良、为人着想、充满爱心……

▲ **活动设计二:驿路寻"梨花"**

1. 请根据小说3—6段的内容,改写成一首小诗,古体诗、近体诗、现代诗都可以。

改写示例:

看,梨花!/白色的梨花!/开满枝头,/多么美丽。/一弯新月升起,/月光淡淡,/山间的夜风吹来,/凉凉的。/白色的花瓣,/轻轻飘落肩头……

2. 运用合适的语气语调朗读改写的小诗,再说说这样朗读的理由。

明确:"看,梨花!"感叹号要读出惊喜之情,因为"我"和老余在深山密林中赶路,天色已晚,在山中露宿的话有危险,显然很着急,梨花的出现意味着有人家可以借宿,梨花带给"我们"的是希望!"多么"带着欣喜的语气;"一弯新月"、"月光淡淡"、"凉凉的"、"轻轻飘落"要读得轻柔些、缓慢些,意味着"我们"知道前面有人家后放下心来,慢慢享受这份美好和宁静。

3. 除了3—6段中的"梨花",还能找到"梨花"吗?说说"梨花"的含义。

明确:第27段梦境中的梨花是虚写,有别于3—6段中的实写,以花喻人,梨花除了指自然界的花,也指哈尼族姑娘梨花,人花合一,赋予主人公美好的形象。结尾第37段中的梨花不仅仅是自然界的梨花,也喻指梨花姑娘、梨花妹妹、瑶族老人、"我"和老余、解放军等,均是维护、修缮、照料、建造小茅屋的人。所以梨花象征的是无私、利他、善良的美好精神品格,而且,这样美好的人性在不断传递。

▲ **活动设计三:"梅花"与"梨花"**

1. 说出古诗词中描写"梨花"、"梅花"的诗句。

示例:梨花淡白柳深青,柳絮飞时花满城。(苏轼)/柳色黄金嫩,梨花白雪香。(李白)

忽如一夜春风来,千树万树梨花开。(岑参)/燕子来时新社,梨花落后清明。(晏殊)

墙角数枝梅,凌寒独自开。(王安石)/零落成泥碾作尘,只有香如故。(陆游)

众芳摇落独暄妍,占尽风情向小园。(林逋)/已是悬崖百丈冰,犹有花枝俏。(毛泽东)

2. 讨论:古诗词中"梨花"、"梅花"不同的象征意义。

3. 比较:将小说中的梨花都改为梅花,是否合适?

明确:不合适。梨花洁白、芬芳,更适合象征纯洁、无私、素雅、朴实的美好品格。而梅花更多象征的是傲霜斗雪的坚强品格。小说以梨花象征纯洁、无私、利他的美好品格。

(四)课堂小结

本堂课我们关注小说中重要的场景设置,由此感受了小茅屋主人的精神品格,进而理解了小说的主旨。

(五)布置作业

1. 结合小说的思想内容,给驿站(小茅屋)命名。

2. 请联系自己身边的小事,以"爱的传递"为主题,写一篇600字左右的记叙文,文中要设置1个悬念。

16 最苦与最乐

梁启超

一、教学目标与学习要素

(一) 教学目标

1. 在规定时间内阅读全文,勾画提示语、关联词、总领句等关键语句,梳理行文思路。
2. 能区分论点和论据,理解作者对论题的辩证认识。
3. 说出对作者观点和表达的认识、体会。

(二) 学习要素

1. 作者的劝说立场。
2. 平实、典雅的语言表达。

二、教学建议

《最苦与最乐》是梁启超写的一篇论述人生责任的议论文。文章的中心论点是:负责任是人生最大的痛苦,尽责任是人生最大的快乐。由此表明写作意图:人生应当勇于负责,而不应当逃避责任。

首先,文章紧扣标题"最苦与最乐",结构清晰,论述严谨。1—3 段为第一部分,论述负责任是人生最大的痛苦;4—5 段为第二部分,再论述尽责任是人生最大的快乐;第 6 段是第三部分,得出结论,人生应当勇于负责,而不应当逃避责任。三个部分,由浅入深,层层推进,有力地阐明苦乐与责任的关系。可以借助设问句、关联词、提示语等理清段落层次间的逻辑关系。

其次,文章说理有特色,清晰透彻又明白易懂。文章最初刊载于《时事新报》,以"公民的权利义务"来启蒙当时的民众。因此,文章列举事实时以具体的生活情境为主,通俗明了;阐述道理时引用古语、俗语、名言,再辅以自己的感受和认识,贴近大众的认知,易于民众接受;在用语方面,多用设问句,先引发大众思考,再阐明自己的看法,以便大众更透彻地理解自己的观点。文中使用大量的语气词,读来更有一种亲切感,拉近了与大众的距离。

三、教学过程

(一) 导入

每个人对苦与乐的界定并不一样,苦、乐是每个人对自己处境的直观感受。梁启超先生在"苦"与"乐"之前冠以"最"字,对"最苦与最乐"进行了辩证分析,并提出了自己的价值判断,今天我们一起领悟梁先生的"苦乐观"。

(二) 活动设计

▲ 活动设计一:梳理思路有妙招

1. 借助提示语(句)略读,提炼观点,完成表格。

段落	提示语(句)	观点(结论)
第1—3段	人生什么事最苦呢?	负责任是人生最大的痛苦。
第4—5段		
第6段		

明确:第4—5段:提示语(句)"翻过来看,什么事最快乐呢?";观点(结论)"尽责任是人生最大的快乐。"第6段:提示语(句)"有人说:……";观点(结论)"人生当勇于负责任。"

2. 巧用关联词,梳理论证思路。

(1) 用关联词"因为……但是……所以……"概括第1、2段的内容。

明确:因为人若能知足、安分、达观,就能排解贫穷、失意、老、死之苦,但是未尽责任会受到良心责备没处逃躲,所以未尽责任最苦。

(2) 仿照样例,用关联词梳理第3段的论证思路。

文句	关联词 概括层意
第一层 第3段1—4句	"如果……那么……" 对于家庭,对于社会,对于国家,乃至对于自己,如果应该做的事情没有做完,那么是再苦也没有的了。

文句	关联词 概括层意
第二层 第 3 段 5—9 句	"因为……所以……" 因为有了这责任,那良心便时时刻刻监督在后头,所以一日应尽的责任没有尽,到夜里头便是过的苦痛日子;一生应尽的责任没有尽,便死也带着苦痛往坟墓里去。
第三层 第 3 段 10—11 句	"因为……所以……" 因为责任未尽的苦痛却比不得普通的贫、病、老,可以达观排解得开。所以我说人生没有苦痛便罢,若有苦痛,当然没有比责任未尽的苦痛更加重的了。

（3）借助思维导图,梳理论证思路。

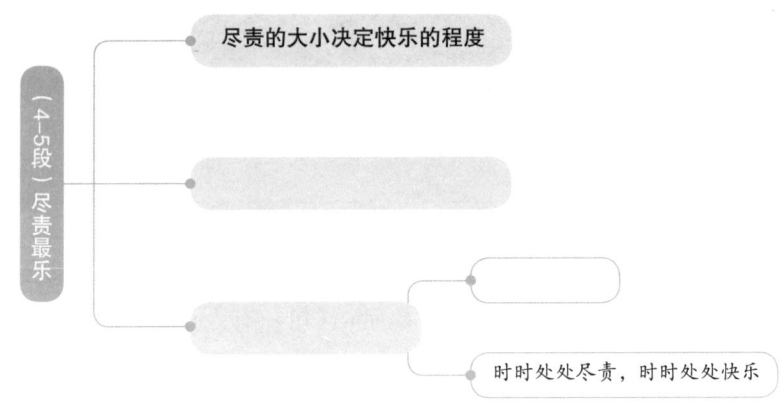

明确：

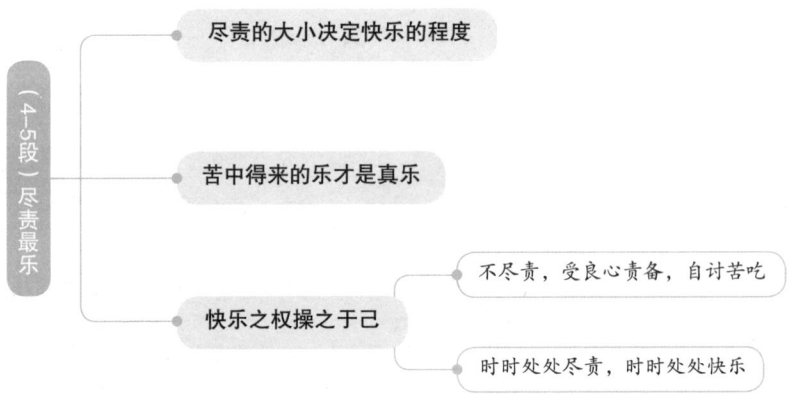

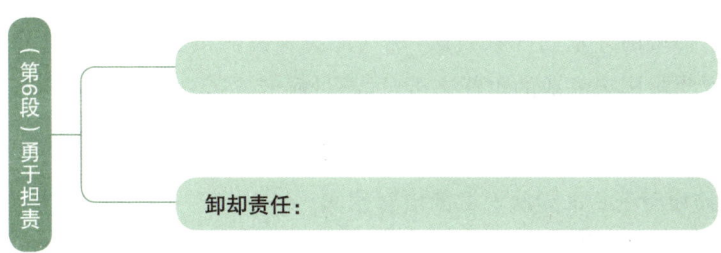

明确：

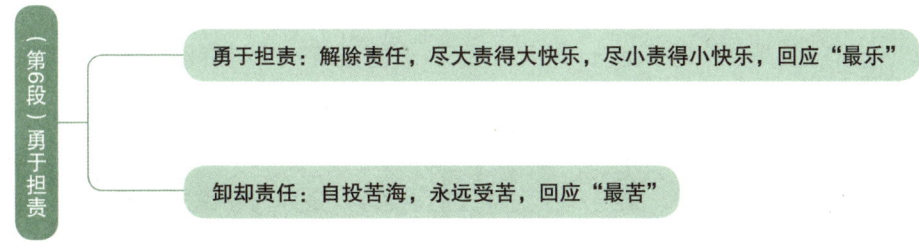

▲ **活动设计二：微型辩论会**

结合第 1、2、3 段内容，以"负责任与经历贫、病、老哪个更苦"为主题，补充事实或理论论据，开展微型辩论会。

正方：负责任比经历贫、病、老更苦；反方：经历贫、病、老比负责任更苦。

示例：

正方：我方认为负责任比经历贫、病、老更苦。孟子有言曰："故天将降大任于斯人也，必先苦其心志，劳其筋骨，饿其体肤，空乏其身，行拂乱其所为，所以动心忍性，曾益其所不能。"为什么"要先苦其心志，劳其筋骨"之后，才"降大任于斯人"呢？当然是因为在你能承受住贫、病、老这样的小苦之后才能承受更大的痛苦呀。

反方：我方认为经历贫、病、老比负责任更苦。责任关乎一个人的精神成就，而贫、病、老关系到一个人的生存处境。每一个普通的生命，都在承受着生、老、病、死带来的巨大痛苦。

正方：反方辩友的这番话刚好让我想到孙中山先生临终前在病榻上留下

的知名七字遗言"和平、奋斗、救中国",成为全球华人所知晓并感念其功绩的名言。孙先生临终前并未高呼救自己,说明他身负救国的使命,毫不关心自己的生死。这就说明救国未完成的责任之苦,远超过病老之苦。

……

▲ **活动设计三：优秀演说家的语言密码**

1. 介绍《最苦与最乐》的诞生背景。

中国近代是中西交汇、新旧杂糅的历史转折时期,梁启超是近代启蒙思想家。他铁肩担使命,妙手著文章,用文章去启蒙还在混沌中昏睡的中国人。他认为中国的人人独善其身的"私德"已发挥到极致,而唯一欠缺的是人人相善其群的"公德"。责任,就是公德的一部分,人人尽责任,才能造就一个具有资产阶级新秩序的文明社会。

《最苦与最乐》刊载于《时事新报》1919年1月8日的"星期讲坛"上。

2. 面对严峻的现实,梁启超作为优秀的演说家,是如何劝说民众接受自己的主张"要勇于担责"？请从用词、句式、修辞、举例等语言特色的角度探究,并把探究结果绘制成气泡思维导图。

示例：

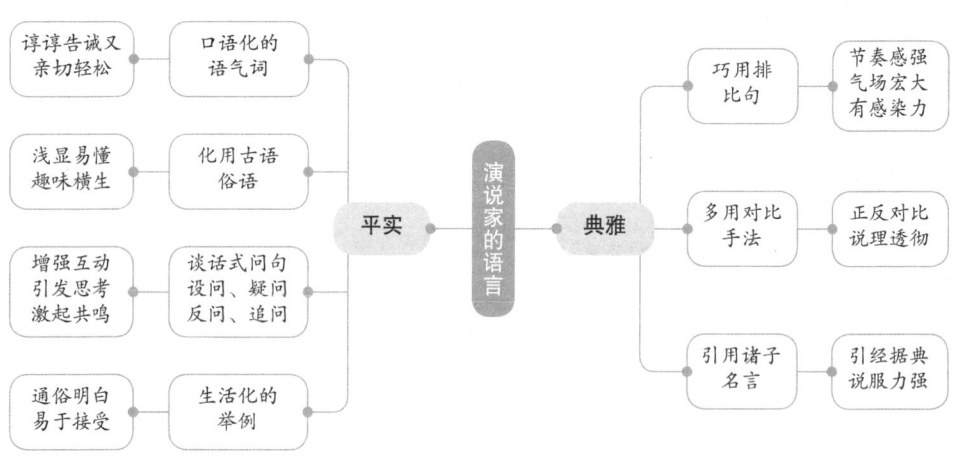

(三) 课堂小结

本堂课我们继续学习略读,借助提示性语句、关联词、思维导图梳理了行文思路,把握了作者的核心观点和写作意图。通过微型辩论会和探究演说家的语言特色更好地理解了作者的劝说技巧和良苦用心。

(四) 布置作业

补充生活中的例子,说说你对"卸却责任"与"解除责任"的认识(200字左右)。

17 短文两篇

一、教学目标和学习要素

(一) 教学目标

1. 能够辨别常见文言字词在文中的含义及用法。用自己的话说出两篇短文的大意。
2. 圈画文中相同的句式,梳理行文脉络,快速把握主要内容。
3. 比较两篇短文在语言形式、思想主旨方面的异同,感受作者的精神世界。

(二) 学习要素

1. 比兴、衬托、照应等谋篇布局的章法。托物言志的写作手法。
2. 整散结合的句式。
3. 语气词在表情达意上的作用。

二、文本解读

(一) 课文整体解析

关于刘禹锡创作《陋室铭》的缘由,大部分学者的研究认为,刘禹锡遭贬谪后被当地县官一次又一次苛待,于是奋笔疾书,以此回击。

《陋室铭》的文体是"铭",原先是古代刻在器物上用来警戒自己或者称述功德的文字,后来成为一种文体。其特点是短小精练、言简意远,一般用韵。

这篇"铭"用的是 ing 韵,轻快昂扬,在整体行文结构上也颇具节奏之美。同时,文中运用的比兴、对偶、互文的艺术手法也丰富多样。全文托物言志,借"陋室"表达自己的志趣。

开篇第一层"山不在高,有仙则名。水不在深,有龙则灵。斯是陋室,惟吾德馨",以"有仙,山才出名;有龙,水才神异"起兴,类比推出,"陋室"有"吾德"才"馨"的结论。以比兴的方式开篇,由远及近,强化了陋室不陋的原因在"吾德"。

中间第二层,围绕着"惟吾德馨"展开,从陋室的生活环境和自身的生活状态阐述自己的追求与志趣。"苔痕上阶绿,草色入帘青"表现陋室周围环境的幽雅。

"上"、"入"极富动感,展现陋室周围一派生机盎然的自然之景,表现作者恬淡自适的心境;"谈笑有鸿儒,往来无白丁"是陋室的人文环境,正反对举,凸显交往的对象是"鸿儒",表现作者志在追求高深的学问和高尚的品德。这两点是陋室外显的生活环境。接下来,"可以调素琴,阅金经。无丝竹之乱耳,无案牍之劳形"。一正一反,表现陋室主人自身的生活状态。"素琴"代表高雅的情趣,"丝竹"代表世俗嘈杂的声乐;"金经"是超凡脱俗的学问,"案牍"是世俗繁杂的公务,在强烈的对比中凸显作者对高雅情趣和高远志趣的追求。这一层,句式上整散结合,以整句为主,音韵和谐,表现甘居陋室的轻快自得之趣。

结尾"南阳诸葛庐,西蜀子云亭。孔子云:何陋之有?"作者用诸葛亮隐居时所住的草庐和扬雄在未成名之前居住的简陋处所,类比自己居所之陋,并巧妙地借孔子之口说"何陋之有",回应了第一层的"惟吾德馨",同时又以古代圣贤为榜样表明自己的志趣。结尾句引用孔子的话,故意省去"君子居之",含蓄地将主旨上升到儒家圣人所认同的高度,可谓是上下古今,融为一体,意味深长。

北宋理学家周敦颐为人正直清廉,平生酷爱莲花,据传《爱莲说》是他与友人赏花品茗后写下的脍炙人口的佳作。"说"这种文体可以在记叙的基础上发表议论,可以夹叙夹议,可以说明和议论相结合,也可以通篇议论,都是为了阐明一个道理,跟现代的杂文大体相似,以议论为主,具有现实意义。

全文托物言志,围绕"爱莲"展开,逻辑层次十分鲜明。

开篇第一段,由概括性的"水陆草木之花,可爱者甚蕃"展开论述。接着按照晋、唐、宋这一朝代更迭顺序具体到陶渊明"爱菊",世人"爱牡丹",进而点明自己"爱莲"。然后更加细致地论述为何"予独爱莲",从"莲"生长环境、体态香气、清高风度三个方面,层层推进,赋予莲"出淤泥而不染"的洁身自好,"中通外直,不蔓不枝"的正直通达,"亭亭净植,可远观而不可亵玩焉"的端庄雅正和卓尔不群。句式上,整散结合,富于变化。"爱莲""赞莲"之情隐藏在整散变化的句式中。

第二段开头承接第一段,从具体地论述"予独爱莲",又由花及人扩展到对"菊"、"牡丹"、"莲"三者整体印象的评价。至此,"菊"、"牡丹"、"莲"三种花代表三类人"隐士"、"富贵者"、"君子"的意图显而易见。文章由概括到具体,再由具体到概括的结构清晰可见。

第二段结尾部分"噫!菊之爱,陶后鲜有闻。莲之爱,同予者何人?牡丹之爱,宜乎众矣。"感慨三类人的处世态度。感伤晋以来很少有陶渊明式的高洁隐士,哀怜没有人同自己志同道合追求君子洁身自好的品德,而对世人热衷于追名逐利表示无奈和鄙弃。但是对"爱菊者"、"爱牡丹者"、"爱莲者"的顺序没有和前文保持一致,而是先感叹"爱菊者"、"爱莲者"少,最后感慨"爱牡丹者"多。句式上先后用陈述句、反问句强化语气,落脚点是对贪慕富贵、追名逐利世风的鄙弃。

全文篇幅短小,但章法严密,意蕴隽永。第一段重在描写,第二段重在抒情议论,表明自己不慕富贵、洁身自好的生活态度及对趋炎附势、追求富贵的庸俗世风的鄙弃,体现了"说"的现实意义。

(二) 重点语段细读

1. 山不在高,有仙则名。水不在深,有龙则灵。斯是陋室,惟吾德馨。……南阳诸葛庐,西蜀子云亭。孔子云:何陋之有?

《陋室铭》开头和结尾用的是兴和比的手法,首尾呼应,摇曳生姿。开篇用"比兴",所谓"兴"就是见物起兴,先见到一个外物,引发内心的感想。所谓的"比"就是以彼物比此物,用一个事物来比喻另一个事物。开篇三句翻用刘义庆所著《世说新语·排调》中"山不高则不灵,渊不深则不清"两句。山因"仙"而"名",水因"龙"而"灵",由此起兴到陋室因"德"而"馨"。起兴手法是中国古代诗歌的传统手法,符合人们认识事物的传统,由远及近,由外到内,将陋室与品德紧密结合起来是刘禹锡的创新。

结尾以"比"作结,以诸葛亮、扬雄自况,再援引孔子的话时却略去上句"君子居之",既呼应开篇"惟吾德馨"又无自炫之嫌。开头的"兴","山"、"水"、"陋室"出现的顺序是由远及近,由外到内;结尾的"比",按照时代顺序排列,"三国(诸葛亮)""西汉(扬雄)""春秋(孔子)",由近及远,追溯"惟吾德馨"的儒家文化的源头。首尾呼应,两两相对,妙趣横生。

2. 出淤泥而不染,濯清涟而不妖,中通外直,不蔓不枝,香远益清,亭亭净植,可远观而不可亵玩焉。

《爱莲说》这段文字句式整散结合,错落有致,富于变化。其中反复三次用虚词"而"表示转折,但其实如果不用"而"字,在表意上区别不大。作者反复用"而"字,节奏上更舒缓流畅,表意上更强调"而"后的"不染"、"不妖"、"不可亵玩",情感上更突出对"莲""不染"、"不妖"、"不可亵玩"的褒扬。

三、教学过程

第一课时

（一）课时目标

1. 能够辨别常见文言字词在文中的含义及用法。
2. 圈画文中相同的句式,梳理行文脉络,快速把握主要内容。
3. 用自己的话说出两篇短文的大意。

（二）导入

今天我们学习本单元的最后一课《短文两篇》,除了继续巩固本单元的略读策略,还将进一步积累学习文言文的经验。

（三）活动设计

▲ 活动设计一：比读与句读

1. 自读两文,读通、读顺。
2. 提供知识卡片：韵脚。

韵脚是诗、词、歌、赋等韵文句末押韵的字。韵文的一些句末,采用韵腹和韵尾相同的字,这就叫做押韵。

3. 圈画出《陋室铭》中的韵脚。

明确：名、灵、馨、青、丁、琴、经、形、亭。

4. 比读：改变所有韵脚的声调为第四声,朗读《陋室铭》,和原文比一比,读起来的感觉有何不同。（采用小组间对比读、男女生对比读等不同形式。）

明确：原文的韵脚声调是第一、第二声,读起来的感觉声音是上扬的、轻快的、愉悦的。所有的韵脚用第四声朗读,读起来的感觉是压抑的、沉重的。作者想要传递一种轻快、自信的感觉,所以选用的韵脚都是第一、第二声的上扬调。

5. 句读：找出《爱莲说》中字数最多的一句,选择断句正确的一项,并说明理由。

A. 予/独爱/莲之出淤泥而不染。　　B. 予/独爱莲/之出淤泥而不染。
C. 予/独爱莲之/出淤泥而不染。　　D. 予/独爱莲之出淤泥/而不染。

明确：选 A。此句的主语是"予"，谓语是"爱"，宾语是"莲之出淤泥而不染"。

▲ **活动设计二：我给文言词句建个群**

自编 2—3 个积累文言词句的群，并给该群命名。

1. 发布群公告，为该群命名。
2. 查找工具书，明确文言词句的基本用法。
3. 写出群中文言词句的意思或用法。

示例：

群名称："之"的左邻右里。

群公告：《爱莲说》《陋室铭》中有很多"之"字，但具体语境中的意思和用法都不同，在以后的学习中可以不断有新的"之"字伙伴入群。

群消息：

何陋之有　　　　　　　（助词，代词宾语前置的标志。）

水陆草木之花　　　　　（助词，"的"。）

予独爱莲之出淤泥而不染　（助词，放在主谓之间取消句子的独立性。）

无丝竹之乱耳　　　　　（助词，放在主谓之间取消句子的独立性。）

……

群名称：姐妹花

群公告：《爱莲说》《陋室铭》中有很多句子两两对举，句式整齐，读来朗朗上口，易于记诵，可以给这些对偶句建个群。

群消息：

山不在高，有仙则名。水不在深，有龙则灵。

南阳诸葛庐，西蜀子云亭。

谈笑有鸿儒，往来无白丁。

出淤泥而不染，濯清涟而不妖

……

▲ 活动设计三：依据路标，梳理内容

1. 依据《陋室铭》中句子不同字数的变换（大致），将全文分成五个部分，并写出各个部分之间的关联，完成填空。

（1）明确五个层次。

第一层：山不在高，有仙则名。水不在深，有龙则灵。斯是陋室，惟吾德馨。

第二层：苔痕上阶绿，草色入帘青。谈笑有鸿儒，往来无白丁。

第三层：可以调素琴，阅金经。

第四层：无丝竹之乱耳，无案牍之劳形。

第五层：南阳诸葛庐，西蜀子云亭。孔子云：何陋之有？

（2）五个层次的关联。

由山水引出陋室→_____→陋室主人的生活状态（第三、四层）→_____。

明确：由山水引出陋室→<u>陋室主人的生活环境</u>→陋室主人的生活状态（第三、四层）→<u>追溯先贤的陋室以自比</u>。

2. 略读《爱莲说》，按表格要求提取相关信息，并根据提示梳理各部分内容。

（1）填写表格。

时代	爱花的人	所爱的花	处世态度（人生追求）
晋	陶渊明	菊	崇尚隐逸

明确：

时代	爱花的人	所爱的花	处世态度（人生追求）
晋	陶渊明	菊	崇尚隐逸
唐至宋	世人（众人）	牡丹	贪慕富贵
	周敦颐	莲	仰慕君子

(2) 梳理内容。

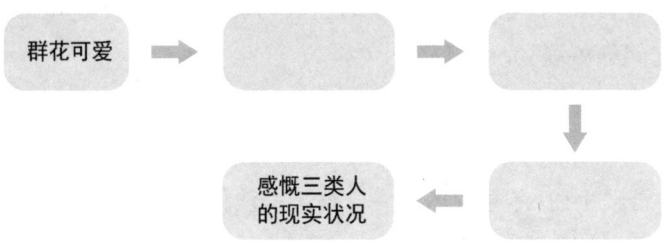

示例：群花可爱→爱花：爱菊、爱牡丹、爱莲→展开描写莲→评花，三种花象征三类人→感慨三类人的现实状况。

3. 依据对《陋室铭》、《爱莲说》各部分内容的梳理，提炼两文共同的行文思路。

明确：由彼及此，引出写作对象；描述对象；寄寓情志。

(四) 课堂小结

本堂课我们积累了常见的文言字词，疏通了两篇短文的大意。并依据一定的标准提炼了两篇短文相似的行文思路，由此发现了两文共同的表现手法：托物言志。托物言志，指将某种精神、品格、思想、感情寄托在某一具体的物上，是一种常见的表现手法。

(五) 布置作业

1. 背诵两篇短文。
2. 借助注释，比较文体"铭"与"说"的区别。

第二课时

(一) 课时目标

比较两篇短文在言语形式、思想主旨方面的异同，感受作者的精神世界。

(二) 导入

今天我们继续学习《短文两篇》，我们将比较两文在言语形式、思想主旨上的异同，进而走近作者的精神世界。

(三) 活动设计

▲ 活动设计一：刘禹锡的"陋室"与周敦颐的"莲"

1. 阅读两文，看图填空。

刘禹锡的"陋室"

内：室主状态

所做的事　　远离的事

_____　_____

志趣追求：高雅脱俗的情趣

外：生活环境

自然环境　　人文环境

_____　_____

志趣
追求：_____　_____

示例：

刘禹锡的"陋室"

内：室主状态

所做的事　　远离的事
调素琴　　　丝竹
阅金经　　　案牍

志趣追求：高雅脱俗的情趣

外：生活环境

自然环境　　人文环境
苔痕上阶绿　谈笑有鸿儒
草色入帘青　往来无白丁

志趣
追求：高尚的品德　高深的学问

周敦颐的"莲"

花梗
中通外直
君子品格：通达正直

花梗
_____
君子品格：_____

自身形态

花香
_____
君子品格：_____

姿态
_____
君子品格：_____

> 莲对待外在生活环境
> 不被污浊的环境浸染：_____
> 不因环境美好而骄矜：_____
> 君子品格：_____

> 莲与外界的关系
> 值得被观赏又不可过分亲近：_____
> 君子品格：_____

示例：

周敦颐的"莲"

花梗
中通外直
君子品格：通达正直

花梗
不蔓不枝
君子品格：独立单纯

自身形态

花香
香远益清
君子品格：美名远扬

姿态
亭亭净植
君子品格：挺拔清廉

> 莲对待外在生活环境
> 不被污浊的环境浸染：出淤泥而不染
> 不因环境美好而骄矜：濯清涟而不妖
> 君子品格：洁身自好、庄重质朴

> 莲与外界的关系
> 值得被观赏又不可过分亲近：可远观而不可亵玩
> 君子品格：端庄清正

2. 比较刘禹锡和周敦颐共同的人生态度：_____。

明确：不慕富贵，洁身自好，追求美好的德行。

▲ 活动设计二：追根究底"铭"与"说"

比较两文在文体音律、表达方式、表现手法、写作目的方面的不同点。

文体	音律	表达方式	表现手法	写作目的
铭		融描写、抒情、议论于一体		
说	散文			具有现实意义

明确：

文体	音律	表达方式	表现手法	写作目的
铭	韵文	融描写、抒情、议论于一体	托物言志	主要是为了称述功德、警戒自己、表达志向
说	散文	可以叙事，可以状物，也可以发表议论，主要是为了阐明道理	托物言志	具有现实意义

▲ 活动设计三：火眼金睛探"高频词"

1. 找出两文中反复出现的词或某一类词，完成表格。

文题	反复出现的词或一类词	文句
《陋室铭》	反复出现的词：	有仙则名；有龙则灵；谈笑有鸿儒；何陋之有；无白丁；无丝竹；无案牍
《爱莲说》	语气词：	可远观不可亵玩焉；花之隐逸者也；噫！宜乎众矣

明确：

文题	反复出现的词或一类词	文句
《陋室铭》	反复出现的词："有""无"	有仙则名；有龙则灵；谈笑有鸿儒；何陋之有；无白丁；无丝竹；无案牍
《爱莲说》	语气词："焉""也""噫""矣"	可远观不可亵玩焉；花之隐逸者也；噫！宜乎众矣

2. 比较：只保留"有"的语句，去掉"无"的语句，表情达意上有何区别？

改文：山不在高，有仙则名。水不在深，有龙则灵。斯是陋室，惟吾德馨。谈笑有鸿儒，可以调素琴，阅金经。南阳诸葛庐，西蜀子云亭。孔子云：何陋之有？

明确："有"是作者想要表现的，"无"是作者不想关注的，主动与之隔绝的；从"有"和"无"的强烈对比中，强调的是自己的"有"，为自己"有"这样的"德"而自豪自得。

3. 比较：删去语气词"焉""也""噫""矣"，辨析在表"情"上的差别。

原文：可远观而不可亵玩**焉**。
改文：可远观而不可亵玩。

原文：予谓菊，花之隐逸者**也**；牡丹，花之富贵者**也**；莲，花之君子者**也**。
改文：予谓菊，花之隐逸者；牡丹，花之富贵者；莲，花之君子者。

原文：**噫**！菊之爱，陶后鲜有闻。莲之爱，同予者何人？牡丹之爱，宜乎众**矣**。
改文：菊之爱，陶后鲜有闻。莲之爱，同予者何人？牡丹之爱，宜乎众。

明确："可远观而不可亵玩"揭示莲与观花者的关系，可观赏但不可随意玩弄。其实作者真正想要表达的是君子是可以与之交往的，但不可过分亲近，因为君子之交淡如水。句末加上语气词"焉"字，表赞叹的语气，强调对莲（君子）端庄清正形象的敬意。

语气词"也"用在句末表示判断的语气。既舒缓了语气，又加强了由花及人评述的意味。

语气词"噫"第一声，哀叹像陶渊明这样的隐士太少，感伤之情更为突出，结合前文对莲的褒扬，此时情感上起了波澜。

语气词"矣"，是"了"的意思，指"宜乎众"这样的情况既成事实。第三声，音调曲折绵长，隐藏的情感是对追名逐利世风的无奈、鄙弃、警示。

▲ **活动设计四：解码独具匠心的"首尾"**

1. 《陋室铭》的"首尾"。

（1）将《陋室铭》开篇在空间维度上排列（一个方框填一个字）。

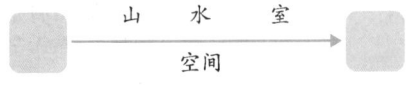

明确：

（2）将《陋室铭》结尾在时间维度上排列（一个方框填一个字）。

明确：

(3) 比较《陋室铭》开头、结尾比兴语句这样排序的理由。

明确：开头从山水起兴到陋室，由彼及此，由远及近，引出主旨"斯是陋室，惟吾德馨"，使"吾德"和"陋室"建立联系，符合传统的阅读习惯。

结尾的类比，按时代顺序由三国时期的诸葛亮庐，写到西汉的扬子云的亭子，再到春秋时期的孔子，由近及远，与开头相对，构思巧妙。将"惟吾德馨"的主旨追溯到儒家圣人所认同的高度，同时又巧妙地呼应了开头。

2. 《爱莲说》的首尾。

(1) 依据左右内容连连看。

晋陶渊明独爱菊。　　　　　　　菊之爱，陶后鲜有闻。
自李唐来，世人甚爱牡丹。　　　莲之爱，同予者何人？
予独爱莲之出淤泥而不染，　　　牡丹之爱，宜乎众矣。

明确：

晋陶渊明独爱菊。─────── 菊之爱，陶后鲜有闻。
自李唐来，世人甚爱牡丹。╲　　莲之爱，同予者何人？
予独爱莲之出淤泥而不染，╱╲ 牡丹之爱，宜乎众矣。

(2)《爱莲说》结尾的语序为何不与上文"菊"、"牡丹"、"莲"的排列顺序相呼应？

明确：将"莲之爱，同予者何人？"放在最后，符合上文"菊""牡丹""莲"的排列顺序，更注重对君子品格的仰慕，含有知音难遇的伤感。而原文将"牡丹之爱，宜乎众矣"放在最后，意在强调世人追名逐利、贪慕富贵之风很严重，表达对此的无奈、鄙弃，更突出警世之意。所以，作者将"牡丹之爱，宜乎众矣"置于文末，其写作意图是在表明自己生活态度的同时，也表达出针砭时弊的现实意义，体现了"说"

以论说为主,有现实意义的特点。

(四) 课堂小结

本堂课我们通过比较两文在用词、语序、文体、思想主旨的不同,走近了刘禹锡和周敦颐的心灵世界。刘禹锡身处逆境依然豁达乐观,周敦颐在淤泥中洁身自好,并发出警示忧虑,他们是中国古代知识分子的筋骨和脊梁。

(五) 布置作业

1. 两文中都有看似和"陋室"或"莲"无关的内容,说说为何这样写。
2. 仿照"予独爱莲……可远观而不可亵玩焉"的表达形式,运用托物言志的手法,选择一种植物或自然现象写一段话。

写作　怎样选材

一、教学目标与学习要素

（一）教学目标

1. 能区分直接材料与间接材料。
2. 提取文题中的关键词，确定中心。
3. 围绕中心从生活中选出真实、典型、新颖的写作素材。

（二）学习要素

围绕中心选出真实、典型、新颖的写作材料。

二、教学建议

作文材料的选择，要基于题目要求，确定中心，明确文章想要表达的主要观点或情感态度。围绕中心去罗列相关材料，通过材料的对比，筛选出最具典型性、新颖性的材料，在此基础上安排详略、完成文章框架的搭建。

根据材料来源的不同，作文材料通常分为直接材料和间接材料，直接材料来源于日常生活经历，包含了身边的各类人、事、景、物等。间接材料来自他人叙述、书报杂志、影视节目等渠道，这类材料广而杂，有利于丰富写作的空间。这两类材料都是写作所需要的。

对于初中阶段的同学来说，选材更应关注自己的亲身经历。一来亲身经历的材料可以保证真实性，易于书写内心的真情实感。二来便于从中选取印象清晰、感受深刻、触动心灵的材料，写作时更得心应手，能更好地表情达意。

三、教学过程

（一）导入

某校校园微信公众号向每个班级征集一份题为《晒晒我们班的"牛人"》的稿件。班级每个人都有各自的特点，那么该选谁写呢？该选择哪方面写呢？写哪些事才能展现人物特点？

(二) 活动设计

▲ 活动设计一：初步筛选材料

1. 关键词："我们班"（限定范围）、"牛人"（有过人之处或令人印象深刻之处），可聚焦写一个人的多件事，也可以借多个"牛人"的典型事例展现班级整体风采。

2. 抽象感受具体化，对班级"牛人"你的情感态度是什么？（赞美、佩服……）通过写他(们)想传递一种怎样的精神面貌？（团结、勇敢、热心助人等。）

3. 罗列可写的方面，并选定人物，提取特点。

▲ 活动设计二：完成"牛人"画像

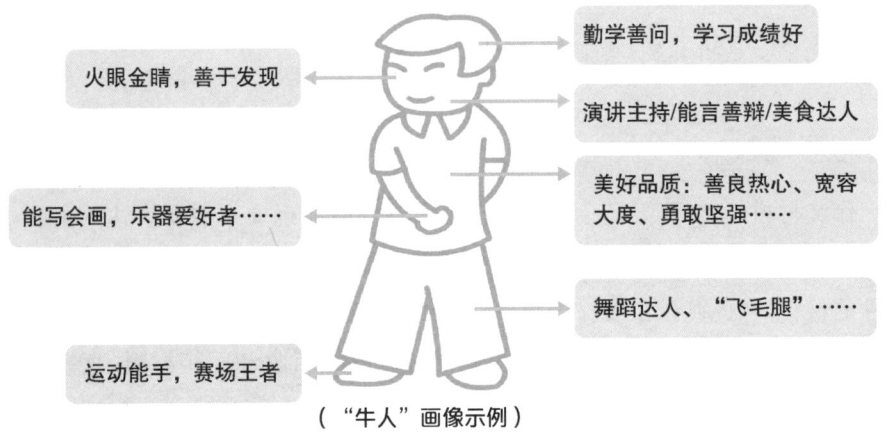

（"牛人"画像示例）

▲ 活动设计三：围绕主旨锁定最佳材料

1. 按照梳理的画像，以多个"牛人"、多件事为例，初步选定符合要求的"牛人"材料。

校园主持"牛人"小A
运动会短跑"牛人"小B
架子鼓"牛人"小C
手抄报"牛人"小D
辩论赛"牛人"小E
解题"牛人"小F
为同学们打水的小G
……

结论:"牛人"的"牛"不仅仅是个人风采的展示,还能传递出美好的、正能量的品质。

2. 围绕"班级团结一心、其乐融融"这一中心继续筛选,圈定出最有表现力的三则材料。

校园主持"牛人"小A
运动会短跑"牛人"小B
架子鼓"牛人"小C
手抄报"牛人"小D
……

辩论赛"牛人"小E
解题"牛人"小F
为同学们打水的小G

▲ 活动设计四:小组探究,安排详略

1. 详略的安排:详写哪一则材料,略写哪两则材料。
2. 详写的材料中要详写哪一部分,聚焦哪一细节凸显中心。
3. 三则材料如何衔接并共同指向写作的主旨。
4. 对照表格里的详略安排,以小组为单位点评修改。

示例:

顺序	材料	详略	主旨
材料一	辩论赛"牛人"小E	略写:从人物个人能力过渡到对辩论团队的关键作用	我们是一个团结有爱、其乐融融的班集体
材料二	解题"牛人"小F	略写:着眼于对同学的分享,不仅自己好学,也帮助其他人学好	
材料三	为同学们打水的小G	详写:交待打水小队产生的原因和表现,队伍由两人发展到了更多人,突出爱心传递的力量	

(三)课堂小结

选材要经历如下三个步骤:

1. 唤醒积累,罗列材料。需要围绕题目中的关键词并根据选材角度进行发散式联想,可借助"人物画像法"记录罗列。

2. 围绕中心筛选材料。借助圈层图圈出与中心关系密切的材料。

3. 围绕中心确定材料的详略。

(四)布置作业

请用所学方法,以《晒晒我们班的"牛人"》为题,进行选材练习并完成习作。

综合性学习 孝亲敬老,从我做起

一、教学目标与学习要素

(一) 教学目标

1. 搜集并分享古今中外孝亲敬老故事或相关名言警句。
2. 撰写"孝亲敬老"活动计划、制作海报。
3. 做一件孝亲敬老的实事,并写出心得体会。

(二) 学习要素

1. 搜集、筛选、整理信息。
2. 策划、组织、展示的能力。

二、学习建议

"百善孝为先"。羊有跪乳之恩,牛有舐犊之情,大地乃万物之源,父母是我们的生命之本。孝,是中华民族的传统美德。本单元综合学习活动的主题是"孝亲敬老,从我做起"。为了让我们更好地了解孝文化,继承和发扬中华民族孝亲敬老的优良传统。我们要发挥自己的聪明才智,一起策划组织一次"孝亲敬老月"的系列活动,包括征集活动方案、组织活动实施、分享体会感受。

三、教学过程

(一) 导入

中华民族有一种美德叫"孝",古语有"百善孝为先",即一切事情从孝开始做起。羊有跪乳之恩,鸦有反哺之义。父母是我们的生命之本。树欲静而风不止,子欲养而亲不待,尽孝要趁早!

(二) 活动设计

▲ **活动设计一:撰写"孝亲敬老"活动计划**

1. 参照教材第107页资料一的活动计划,重新拟定符合班级实际情况的"孝亲敬老"活动计划。

2. 要求如下：

（1）在"孝亲敬老"的主题下重新命名活动。

（2）活动方案中要包括活动目标、活动主题、活动步骤。

（3）根据班级的实际情况对教材中提供的活动计划进行适当调整。

示例（调整教材提供的活动计划）：

（1）调整活动名称：谁言寸草心，报得三春晖——"孝亲敬老"活动计划。

（2）调整活动目标2：积极参加孝亲敬老活动，从身边事做起，践行孝亲敬老美德。

（3）补充活动步骤中的活动时间、活动方式、活动成果。如增加活动步骤4，具体为：×月×日邀请校外名家做有关"中国孝文化"主题的报告，采用在线讲座和互动的方式。

▲ **活动设计二：制作"孝亲敬老"宣传海报**

1. 制作宣传海报的注意事项：

（1）文字、图片、背景是海报的三大要素。

（2）海报主题要鲜明突出，不能同时突出太多内容。

（3）文字醒目，简明扼要，凸显主题。

（4）图片、背景色彩协调，清晰美观，为主题服务。

2. 以小组为单位集体制作海报。海报上可以配各种字体的"孝"，辅以说文解字对"孝"字的阐释，彰显"孝文化"的内涵。

金文　　大篆　　小篆　　隶书

▲ **活动设计三：分享活动体会**

1. 晒晒我家的"档案袋"。

示例（展示档案袋）：

（1）爸爸妈妈、爷爷奶奶、外公外婆的生日、属相、健康状况、兴趣爱好等。

（2）与家人在一起的温馨照片。（做家务、郊游、读书……）

（3）晒一晒"孝亲敬老"的感恩小礼物。（围巾手套、老花镜、自制手工艺品、运动器材……）

......

2. 给亲人写一封感谢信。
3. 摘录古籍中与"孝"有关的论述,并将对"孝"的理解分享在班级聊天群里。

......

▲ **活动设计四:完成"孝亲敬老"综合学习专题活动评价表**

评价项目	评价标准	评价形式		
		自评	互评	师评
情感态度	能够集中注意力倾听老师要求			
	能够认真阅读活动要求			
语言表达	说话时态度大方,声音响亮,条理清晰			
小组合作	认真倾听小组成员的发言			
	积极参与小组讨论交流			
	小组成员协同合作,认真完成分配的任务			
综合运用能力	自主查找、搜集整理资料			
	运用语文和其他知识解决问题			

评价等级分为 A、B、C、D 四级。A:完全符合;B 大多符合;C 基本符合;D 不符合。

(三)课堂小结

通过这次"孝亲敬老"活动,我们获得了更多查找、收集、筛选、整理信息的方法,也提高了策划、组织活动的能力,更重要的是我们把"孝亲敬老"化成了具体的行动。

(四)布置作业

写一段话,谈谈你为家人做午(晚)餐的体会。

单元练习

1. 阅读《叶圣陶先生二三事》第3—5段,完成以下表格。

摘录有助于梳理事件的关键句		概括事件
凡是同叶圣陶先生有些交往的,无不为他的待人厚而深受感动	文字交往	
		叶老请"我"帮他修润文章
	日常交往	叶老晚年卧床,对访客举手打拱,连声致谢

2. 结合《叶圣陶先生二三事》内容,说说你对"叶圣陶先生,人,往矣,我常常想到他的业绩"这句话的理解。

3. 阅读《驿路梨花》,完成表格,梳理文中人物和小茅屋的故事。

出现顺序	人物	所做好事	做好事的目的
1	"我"和老余		向哈尼小姑娘学习,为过路人着想
2		专门送粮食来、修葺小茅屋	
3			
4	解放军		
5	梨花姑娘	照料小茅屋	

4. 对《驿路梨花》第27段中我做的一个美丽的梦理解有误的一项是(　　)。
   A. 这个梦描写了一个哈尼小姑娘在梨花丛中歌唱,景与人相映生辉
   B. 这个梦寄予了"我"对梨花姑娘及梨花助人为乐精神的赞美
   C. 这个梦推动了故事情节的发展,为后文"我"产生第三次误会做铺垫
   D. 这个梦可以删去,因为对后文写第二天我们修葺小茅屋的内容并无影响

5. 标题《最苦与最乐》能否改成《苦与乐》,为什么?

6. 阅读以下两篇短文,回答问题。

短文一:山不在高,有仙则名。水不在深,有龙则灵。斯是陋室,惟吾德馨。苔痕上阶绿,草色入帘青。谈笑有鸿儒,往来无白丁。可以调素琴,阅金经。无丝竹之乱耳,无案牍之劳形。南阳诸葛庐,西蜀子云亭。孔子云:何陋之有?(《陋室铭》)

短文二:水陆草木之花,可爱者甚蕃。晋陶渊明独爱菊。自李唐来,世人盛爱牡丹。予独爱莲之出淤泥而不染,濯清涟而不妖,中通外直,不蔓不枝,香远益清,亭亭净植,可远观而不可亵玩焉。

予谓菊,花之隐逸者也;牡丹,花之富贵者也;莲,花之君子者也。噫!菊之爱,陶后鲜有闻。莲之爱,同予者何人?牡丹之爱,宜乎众矣。(《爱莲说》)

① 请根据《陋室铭》与《爱莲说》两篇文章的思想内容和写作特色,填写下面表格。

异同 \ 篇目		《陋室铭》	《爱莲说》
思想内容	相同点	都表达了作者_____的志趣	
	不同点	_____的思想感情;_____的高尚节操	除了表达_____的高尚品格之外,还有对_____的世态的鄙弃和厌恶
写作特色	相同点	都运用了_____的手法	
	不同点	运用_____手法点明主旨"斯是陋室,惟吾德馨"	运用_____手法,突出对莲花的喜爱,点明莲"君子"的比喻意义

② 作者运用"南阳诸葛庐,西蜀子云亭"的典故用意是_____。作者写菊花和牡丹的用意是_____。

解 析

1. 检测点:本单元的语文元素是"略读",《叶圣陶先生二三事》一课的略读训练,旨在通过寻找圈画关键句,梳理行文思路和把握事件。本题以表格的形式,检测学生对文中关键句的把握和概括事件的能力。此题建议在课前使用,检测学生的略读速度和效率。

参考答案：

摘录有助于梳理事件的关键句		概括事件
凡是同叶圣陶先生有些交往的，无不为他的待人厚而深受感动	文字交往	叶老为吕叔湘先生的文章描标点
		叶老请"我"帮他修润文章
文字之外，日常交往，他同样是一以贯之，宽厚待人	日常交往	叶老送客，一定要送到大门外
		叶老晚年卧床，对访客举手打拱，连声致谢
		叶老及时回信慰问"我"

2. 检测点：《叶圣陶先生二三事》是写人记事的散文，本题检测散文独特的言语表达形式对传递作者深沉蕴藉的情感的作用。独特的言语形式包括标点符号的使用、用词句式的特色、表达方式的选用等。

参考答案：句中"人"与"往矣"中间用逗号隔开，强调了叶圣陶先生人逝去了，但他取得的成绩及其身上的精神品质永远不会逝去，这样断句，也更凸显出作者的悲伤、悼念之情。

3. 检测点：《驿路梨花》略读训练的要求是快速把握文章涉及的人物和相关事件，进行选择性阅读，不在只言片语上纠缠，不追求对所有细节的理解。本题以表格的形式，检测学生略读的效率，建议在课前完成。

参考答案：

出现顺序	人物	所做好事	做好事的目的
1	"我"和老余	修葺小茅屋、给房顶加草、排水沟	向哈尼小姑娘学习，为过路人着想
2	瑶族老人	专门送粮食来、修葺小茅屋	感谢小屋主人，方便路人
3	梨花妹妹	常来照管小茅屋	向解放军和姐姐学习，为过路人着想
4	解放军	建造小茅屋	向雷锋学习，方便过路人
5	梨花姑娘	照料小茅屋	向解放军学习，方便过路人

4. 检测点：《驿路梨花》中梨花的意象是把握主旨的关键，本文中的梨花既指自然界的梨花，也指哈尼姑娘梨花和所有参与小茅屋的修建、照料和维护的人们，

由此隐含地指无私奉献,助人为乐的雷锋精神。对梦境中梨花的描写,则把景与人融合在一起。作者构思巧妙,也寄予了对助人为乐精神的赞美。此题建议在课后完成,检测学生对行文思路和主旨的把握。

参考答案:D。

5. 检测点:《最苦与最乐》是一篇议论文,厘清论题和论点至关重要。本题旨在通过比较引导学生关注文章的论题,并进一步把握作者观点,理解作者对责任与苦乐的辩证认识。

参考答案:不能。因为本文是从"最苦"和"最乐"来强调"最"字,讨论的对象是"尽责任",作者从两个侧面来谈"人要尽责任"的道理,而"苦与乐"与本文论述的"尽责任"关系不大,所以,不能以"苦与乐"为题。

6. 检测点:比较《陋室铭》《爱莲说》在语言形式、思想主旨上的异同,感受作者的精神世界。检测"比兴"、"衬托"手法对表情达意的作用。建议本题在课后完成。

参考答案:

①

异同		篇目	《陋室铭》	《爱莲说》
思想内容	相同点		都表达了作者高洁的志趣	
	不同点		安贫乐道、洁身自好的思想感情; 不慕富贵、不与世俗同流合污的高尚节操	除了表达不与世俗同流合污的高尚品格之外,还有对追名逐利的世态的鄙弃和厌恶
写作特色	相同点		都运用了托物言志的手法	
	不同点		运用类比手法点明主旨"斯是陋室,惟吾德馨"	运用衬托手法,突出对莲花的喜爱,点明莲"君子"的比喻意义

②

以诸葛亮、扬子云自比,表明陋室不陋是因为自己追求高尚的品德,表达了作者以古代贤者为榜样的志向。

由前人所爱菊花和牡丹,引出自己所爱莲花;以菊花和牡丹作衬托,突出莲花的美好形象;以菊花的崇尚隐逸、牡丹的贪慕富贵,突出莲花洁身自好的君子品格。

第五单元

单元教学目标

1. 梳理景、情、理的关系,理解作者抒发的人生感悟。
2. 品味语言,体会运用拟人、比喻等修辞手法写景状物的妙处。
3. 运用比较阅读,理解托物言志的写法。

单元内容框架

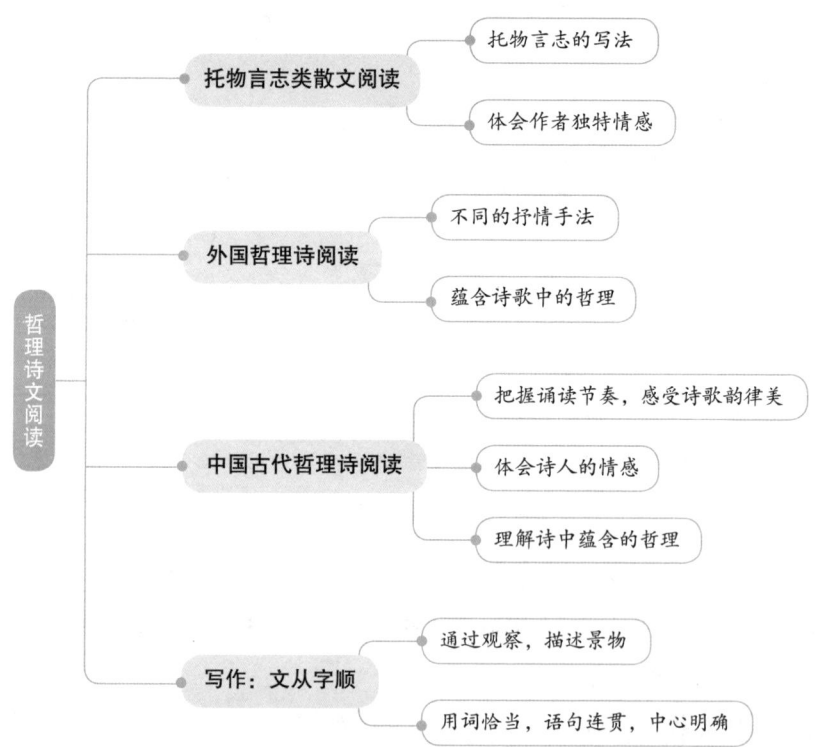

单元设计说明

本单元课文体裁多样,有散文,有诗歌;写作手法不一,或借景抒情,或托物言志,或直抒胸臆,但是都表达了作者对人生的思考感悟,富含人生哲理。

《紫藤萝瀑布》以生动形象的语言描绘了紫藤萝的外在情态和独特神韵,由对自然的感触升华为对生命的感悟。《一棵小桃树》以小桃树在黄昏风雨中摇曳的情景,引出小桃树的生长过程,联系作者自己的人生经历,抒写了作者对理想的追逐。《外国诗二首》中《假如生活欺骗了你》,以劝告的口吻直抒胸臆,表达诗人乐观坚强、积极向上的人生态度;《未选择的路》,通过林中岔道这一具体意象,用象征手法阐述了面对选择既要慎重也要敢于挑战自己的生活哲理。《古代诗歌五首》选择了陈子昂的《登幽州台歌》、杜甫的《望岳》、王安石的《登飞来峰》、陆游的《游山西村》、龚自珍的《己亥杂诗》(其五),这些诗作有杂言歌行,有五律、七律,也有七绝,虽然形式有异,内容有别,但是都隽永而富有哲理,表达了诗人对人生的思考和感悟。

阅读借景抒情、托物言志类的散文,应学习作者如何观察、体验"景""物",怎样描摹"景""物",怎样把景、情、理联系在一起。通过品读具体词句,体会作者观察之细,品味作者语言之美、情思之丰盈。运用比较阅读,感受作者通过不同的路径表达自己独特的思想情感。阅读诗歌,则应该通过反复吟诵,把握诗歌的节奏,感受诗歌的韵律美、语言美和情韵美。本单元的写作主题是"文从字顺",训练重点应在语言表达的用词准确、语句连贯、中心明确上。

18　紫藤萝瀑布

宗璞

一、教学目标与学习要素

(一) 教学目标

1. 品读紫藤萝的特点,体味作者精准的语言表达。
2. 对比今昔紫藤萝,体会作者心境的变化以及对于生命的感悟。
3. 梳理景、情、理间的关系,学习托物言志的写法。

(二) 学习要素

1. 有感情地朗读课文——读出紫藤萝的活力,读出作者的心境变化。
2. 运用拟人、比喻等修辞描写事物情态。
3. 托物言志的写法——运用象征、比拟等手法描绘某一事物的特点,表达作者的精神追求、思想情感等。

二、文本解读

(一) 课文整体解析

本文写于1982年5月,当时母亲过世后父亲一直疾病缠身,小弟又身患绝症,药石无效。因而,关于生死的疑惑和疾病的痛楚一直压在宗璞的心中。这是一篇写景状物、托物言志的散文。作者偶遇一树盛开的紫藤萝花,由花儿的盛衰,联想到人的疾病生死,感悟到人生中的磨难、挫折都是暂时的,生命是美好的,生命的长河是无止境的,表达自己要珍惜生命、积极生活的情志。

根据托物言志类文章结构特点,本文可以分为三部分:

第一部分(第1段)引出紫藤萝;第二部分(第2—9段)描述紫藤萝的情态和神韵;第三部分(第10—11段)开掘紫藤萝的意义。

宗璞散文语言纯朴雅致,遣词造句极其讲究,善于运用拟人、比喻等多种修辞描写事物,往往有绘声绘色的效果,值得细细品味。

(二) 重点语段细读

1. 高频词"在"的品读。

(1) 只是深深浅浅的紫,仿佛在流动,在欢笑,在不停地生长。……仔细看时,才知道那是每一朵紫花中的最浅淡的部分,在和阳光互相挑逗。

(2) "我在开花!"它们在笑。

"我在开花!"它们嚷嚷。

第(1)句中四个"在"写出了紫藤萝花开得生动、开得恣肆、开得顽皮、开得欢乐、开得美好,让人感受到这一串串、一朵朵的花充满无限的生命活力,让人自然而然地生出对生命无穷的赞美和敬意。

第(2)句中的三个"在"既是紫藤萝花欢笑、自信、幸福的话语,也是紫藤萝花在阳光下俏皮、骄傲、充满童趣的姿态。"我在开花",这是紫藤萝充盈、蓬勃的生命心曲,更是作者斗志昂扬的前行宣言。

2. 高频词"流"的品读。

(1) 只是深深浅浅的紫,仿佛在流动……

(2) 我只是伫立凝望,觉得这一条紫藤萝瀑布不只在我眼前,也在我心上缓缓流过。流着流着,它带走了这些时一直压在我心上的关于生死的疑惑,关于疾病的痛楚。

(3) 紫色的瀑布遮住了粗壮的盘虬卧龙般的枝干,不断地流着,流着,流向人的心底。

(4) 它是万花中一朵,也正是一朵一朵花,组成了万花灿烂的流动瀑布。

文中反复出现的这个"流"值得细细品味。第(1)句中的"流动"写出了花的美感和动态;第(2)句中的三个"流"写出了紫藤萝花对"我"产生的心灵慰藉,因这"缓缓流过"而带走那些"生死的疑惑"、"疾病的痛楚",使"我"暂时"宁静"和"喜悦";第(3)句中的三个"流",则写出重新盛开的紫藤萝花给人带来力量、快乐与沉静;第(4)句则揭示了本文深刻而含蓄的寓意,个体融入群体,生命是永恒的。细读这些"流",我们不仅可以感受到花瀑的流动、时光的流动、生命的流动,还有作者思维的流动、情感的流动。这些流动或虚或实,或显或隐,构成了文章的一条意脉,产生了丰盈流动的神韵。

3. 主旨句的品读。

花和人都会遇到各种各样的不幸,但是生命的长河是无止境的。

由紫藤萝花的盛衰联想到人的生死病痛,把生命个体放到生命的长河中观照,虽然个体会遭遇各种各样的不幸,但是生命的长河不会因此而停滞不前,它会永无止境地奔流不息。作者以一朵花个体的生命力写到万花组合而成的瀑布的生命力，强调了每一个人是组成人类社会生命长河的一分子，因此要以积极的态度投身于这奔流不息的生命长河。

4. 首尾段的品读。

我不由得停住了脚步。

……

在这浅紫色的光辉和浅紫色的芳香中，我不觉加快了脚步。

这两段文字都是独立成段，这样的形式前后呼应，首尾衔接，结构完整严谨，意脉连贯，给人一气呵成的感觉。而这一"停"一"快"之间产生了耐人寻味的意蕴，"停"是因为紫藤萝花的繁盛蓬勃，也是因为"生死的疑惑"、"疾病的痛楚"。"快"是因为它带走了"压在我心上的关于生死的疑惑"和"疾病的痛楚"，还因为作者对生活和生命有了新的认识，生命不能停顿，应当活在当下，个人的努力应当融入群体的奋斗，这样才能组成"万花灿烂的流动瀑布"。

三、教学过程

（一）导入

六年级时我们曾学过宗璞的《丁香结》，结尾是这样写的：

丁香结，这三个字给人许多想象。再联想到那些诗句，真觉得它们负担着解不开的愁怨了。每个人一辈子都有许多不顺心的事，一件完了一件又来。所以丁香结年年都有。结，是解不完的；人生中的问题也是解不完的，不然，岂不太平淡无味了吗？

宗璞借丁香结表达了自己积极豁达的人生态度，那么《紫藤萝瀑布》是借什么表达作者怎样的思想情感呢？

（二）活动设计

主题活动：跨界文学座谈会——对话紫藤萝

1. 主持人甲介绍十年前和十年后的紫藤萝。

主持人的介绍应该客观平静，可以多用陈述肯定句，也可用恰当的比喻句，语言要简洁明了。

十年前的紫藤萝：这是一大株紫藤萝，虽然依傍一株枯槐爬得很高，但是因为无人打理，一直以来花朵稀落，东一穗，西一串，后来索性连稀零的花串都没有了。

十年后的紫藤萝:这是一株繁盛紫藤萝。向上看不到发端,向下看不到它的终极,花朵儿一串挨着一串,一朵接着一朵;每一穗花都是上面的盛开,下面的待放,颜色便上浅下深;每一朵盛开的花,像一个小小的的张满的帆,又像一个个孩子的笑脸。

2. 主持人乙介绍作者宗璞。

作者介绍应包含生卒年、原名、身份、代表作品、写作风格等方面信息。

示例:宗璞(1928—),原名冯钟璞,著名哲学家冯友兰之女。从事小说和散文创作,"文革"中被迫中断创作,1978年重新发表作品。《弦上的梦》《三生石》等获全国优秀短篇、中篇小说奖;《丁香结》《紫藤萝瀑布》等是她的散文代表作。宗璞作品富有真情、洞见,追求美言。

3. 紫藤萝自述。

主持人甲:如果你是那十年前或十年后的紫藤萝,你将如何描述自己呢?

示例:

我是十年前的那株紫藤萝,当时的人污蔑花和生活腐化有关系,于是我被冷落、鄙弃。因为缺少营养,我只能依傍一株枯槐攀爬,不敢开花,偶尔开出一两朵,也是极力掩藏,生怕被人发现,连枯槐一起被毁掉。

我是十年后的紫藤萝,"文革"已经结束,终于迎来一个美好的时代,我重新焕发了生机。虽然我生长在不为人知的角落,这里春红已谢,没有赏花的人群,也没有蜂围蝶阵,但是有阳光,有雨露,而且不再被污化,所以尽情绽放,一串挨着一串,一朵挤着一朵,笑着嚷着:"我要开花!""我要开花!"因为开花是我们的使命。

4. 宗璞自述:我为什么写本文?

主持人乙:如果你是作者宗璞,请你说说写作本文的原因。

提示:"它带走了这些时一直压在我心上关于生死的疑惑,关于疾病的痛楚。""别的一切暂时都不存在,有的只是精神的宁静和生的喜悦。""忽然记起十多年前家门外也曾有过一大株紫藤萝……我曾遗憾地想:这里再也看不见藤萝花了。""1982年5月6日。"

背景补充:本文写于1982年5月,当时"文革"动乱结束不久,作者心灵的创伤尚未平复。这时,作者的小弟又身患绝症,而父亲在母亲去世后一直疾病缠身,作者内心十分伤痛,无法纾解。

5. 紫藤萝之问。

主持人甲：宗璞先生，紫藤萝一直有个问题想请教您，请问为什么把"紫藤萝"比喻为瀑布？

示例：本文标题是由本体和喻体直接组合的，形成了一种特殊的意象，而且"瀑布"这一意象贯穿文章始终。如："紫色的大条幅上，泛着点点银光，就像迸溅的水花。""每一朵盛开的花就像是一个小小的张满了的帆，帆下带着尖底的舱。""花和人都会遇到各种各样的不幸，但是生命的长河是无止境的。我抚摸了一下那小小的紫色的花舱，那里满装生命的酒酿，它张满了帆，在这闪光的河流上航行。"把"紫藤萝"比喻为"瀑布"，一方面化静为动，另一方面把植物和人整合到"生命长河"这一更开阔、深邃的世界。

6. 读者在线留言。

主持人甲：读者朋友们，阅读本文后，今天又听了这个座谈会，请在线留言，说说你对这两株紫藤萝、对本文的写作特点等的看法。

读者在线留言：

（三）课堂小结

阅读托物言志类散文应关注哪些内容？请学生总结阅读的路径和方法。

（四）布置作业

1. 品析下列句子中加点词的表达作用。

（1）这里春红已谢，没有赏花的人群，也没有蜂围蝶阵。有的就是这一树闪光的、盛开的藤萝。

（2）这里除了光彩，还有淡淡的芳香，香气似乎也是浅紫色的，梦幻一般轻轻地笼罩着我。

（3）它依傍一株枯槐爬得很高，但花朵从来都稀落，东一穗西一串伶仃地挂在树梢，好像在察言观色，试探什么。

2. 从运用的修辞角度赏析下列语句。

（1）从未见过开得这样盛的藤萝，只见一片辉煌的淡紫色，像一条瀑布，从空中垂下,不见其发端,也不见其终极。

（2）紫色的大条幅上,泛着点点银光,就像迸溅的水花。

3. 结尾处说"我不觉加快了脚步",请你联系上文对这句话进行补白,补写作者在心里对自己说的话(50字左右)。

19　一棵小桃树

贾平凹

一、教学目标与学习要素

（一）教学目标

1. 品读对小桃树的描写和称呼，体会作者对小桃树的独特情感。
2. 理解小桃树的象征意义。
3. 学习托物言志的写作手法。

（二）学习要素

1. 运用比喻、拟人等修辞来描写事物情态。
2. 托物言志的写法。

二、教学建议

《一棵小桃树》是贾平凹早年的一篇写景状物、托物言志的散文。它是本单元在学习《紫藤萝瀑布》基础上的一篇自读课文，出于对学生自读的引导，教材编写者作了五处旁批。这些批注有的涉及本文的情感主旨及其发展线索，也有的涉及本文的写作意图，因此，引导学生关注旁批来理解课文是一个不错的选择。

文章叙述了小桃树的由来、发芽、生长、开花以至横遭风雨，同时暗写了自己从山村到城市再到山村的人生经历。从内容入手，梳理层次结构，理清小桃树生长过程，品读对小桃树姿态描写的语句和对小桃树的称呼，体味作者对小桃树的独特情感，理解作者托小桃树言自己对理想的追逐，应是学习的重点。难点在于对小桃树、"我"、奶奶三者之间的关系理解，以及对小桃树丰富的象征含义的理解。

三、教学过程

（一）导入

今天我们将继续学习一篇托物言志的散文，这是一篇自读课文，以自读为主。编者已经为我们提供了不少学习的支架，你能找到这些支架吗？

明确:关注"旁批",关注"阅读提示"。

(二)活动设计

▲ 活动设计一:绘制"小桃树生命坐标系"

自读全文,圈画体现小桃树生长历程的时间短语和对应事件,绘制出"小桃树生命坐标系"。

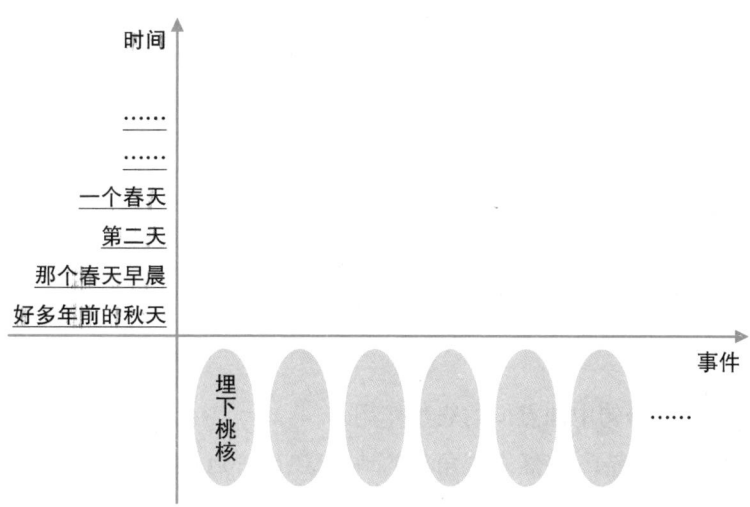

▲ 活动设计二:桃树三棱镜

1. "我"眼中的小桃树是怎样的?

细读课文,圈画对小桃树的描写和称呼进行梳理。

2. 小桃树反观自身——自述。

根据文中对小桃树的描写和大家对小桃树的不同态度,

从来历、生长环境、生长情况、遭受的磨难等方面,

展开合理想象,以小桃树为视角,讲述成长历程。

3. 读者眼中的小桃树——一千个读者一千棵小桃树。

结合文中描述,请你画一画小桃树的模样;

用一个词评价这棵小桃树;

用一个字形容作者对小桃树的情感,可从文中找,也可以自己想。

▲ **活动设计三：画一画小桃树、"我"、奶奶三者之间的关系图**

奶奶给了"我""仙桃"吃，并说桃核可以让人生出梦想；"我"把桃核埋到墙角的土里后，也是奶奶最先发现它破土而出。但是奶奶也说这棵小桃树是"没出息的"。随着小桃树的渐渐长大，"我"出门在外，家里人都觉得它没用了，又是奶奶守护了它。奶奶去世后，"我"凝视风雨中飘摇的小桃树，"心里呼喊着奶奶"，深深懊丧对不起奶奶，对不起小桃树。

以上内容可见，小桃树的由来、生长、开花都离不开奶奶；"我"种下桃核，让它蓄着"我"的梦，称呼它"我的小桃树"，从某种角度说，小桃树就是另一个"我"；而奶奶去世后，当"我"凝视着风雨中的小桃树，心里呼喊着"奶奶"时，小桃树仿佛就是奶奶。

（三）课堂小结

阅读写景状物、托物言志类的散文，需要理清哪些关系？

（四）布置作业

1. 分析下列语句中加点词的表达作用。

（1）奶奶打扫院子，突然发现角落的地方，拱出一点嫩绿儿。

（2）它长得很慢，一个春天，才长上二尺来高。

（3）就那么一树，孤孤地开在墙角。

2. 分析下列语句运用的修辞及其表达效果。

（1）纤纤的生灵，纸条已经慌乱，桃花一片一片地落了，大半陷在泥里，三点两点地在黄水里打着旋儿。

（2）可我的小桃树，一颗"仙桃"的种子，却开得太白了，太淡了，那瓣片儿单薄得似纸做的，没有肉的感觉，没有粉的感觉，像是患了重病的少女，苍白白的脸，又偏苦涩涩地笑着。

（3）雨还在下着，我的小桃树千百次地俯下身去，又千百次地挣扎起来，一树的桃花，一片，一片，湿得深重，像一只天鹅，羽毛渐渐剥脱，变得赤裸的了，黑枯的了。

20　外国诗二首

一、教学目标与学习要素

(一) 教学目标

1. 反复诵读，感受诗人积极的人生态度，体会诗歌中蕴含的哲理。
2. 比较"直抒胸臆"和"借物说理"不同的说理艺术。
3. 背诵积累，学以致用。

(二) 学习要素

1. 有感情地朗读诗歌——用恰当的语音语调。
2. "直抒胸臆"和"借物说理"的异同。

二、教学建议

《假如生活欺骗了你》是俄国诗人普希金的名作，写于1825年。当时，普希金因触怒了沙皇被流放，在流放地又与总督发生冲突，被押送到其父亲的领地幽禁。那时俄国革命如火如荼，诗人却被迫与世隔绝，处于极度孤独寂寞的境地。此诗写在同样遭遇被流放的邻居15岁女孩的纪念册上。诗人以劝说的口吻、和缓的语气直抒胸臆，鼓励人们相信光明必来，正义必胜。

《未选择的路》是美国诗人弗罗斯特的名作。创作的缘起是朋友爱德华·托马斯常常因为选择一条观景道路而没选择另外一条后悔，这引起了作者的思考。38岁的弗罗斯特为了让心爱的诗歌能发表，放弃在一所师范学校教书的职业，远渡重洋，来到英国伦敦。当时，对诗人来说，教书是一条相对平坦通畅的生活道路，而写诗则是一条充满未知的人生道路。但是，诗人坚定而执着地选择了诗歌创作的道路。本诗以内心独白的形式自述经历，借林中的路表达自己对人生道路选择的思考，阐述要勇于选择、敢于挑战的道理。

两首诗歌语言浅显，节奏感强，可通过反复诵读，背诵积累。对于诗歌中蕴含的生活哲理，可引导学生联系生活实际感悟。

三、教学过程

(一) 导入

有人说,人生不如意的事十之八九。每个人成长过程中可能都会遇到或大或小的挫折,你能说说自己遇到过的糟糕事吗?

当你听到自己的同学遭遇挫折、困难时,愿意劝导劝导他吗?如果愿意,你会怎么劝导呢?

让我们一起读读普希金的《假如生活欺骗了你》,看看他是怎么劝导朋友的。

(二) 活动设计

▲ 活动设计一:诗歌花样吟诵会

1. 请用舒缓低沉和明亮的语调来诵读。

2. 背景补充:写作此诗时,普希金因触怒了沙皇被流放。那时俄国革命如火如荼,诗人却被迫与世隔绝。这首诗是写在同样被流放的邻居女孩的纪念册上的。属于一首赠诗。

请用说话方式来诵读。

3. 请把诗中的"你"改成"我",用内心独白形式来诵读。

4. 小组吟诵比赛。

(1) 小组代表选择上面三种形式中的一种,个人吟诵比赛。

(2) 小组男女生合诵比赛。

假如生活欺骗了你

普希金

假如生活欺骗了你,(男合:舒缓地)

不要悲伤,不要心急!(女合:亮丽地)

忧郁的日子里须要镇静:(男合:沉稳地)

相信吧,快乐的日子将会来临。(男女合:乐观地)

心儿永远向往着未来;(男合:平稳深沉地)

现在却常是忧郁:(男合:平稳深沉地)

一切都是瞬息,一切都将会过去;(女合:响亮亲切地)

而那过去了的,就会成为亲切的怀恋。(男女合:乐观稳重地)

▲ **活动设计二：悦读分享**

结合具体的诗句,说说你从诗歌中感受到了什么?

示例:我感受到了诗人积极乐观的生活态度,下次遇到挫折时也要积极面对。

1. 诗人把真实的压迫、束缚说成"假如",表现了他的顽强不屈和积极乐观的精神。

2. "不要悲伤,不要心急","须要镇静",两个"不要",一个"要"表明了诗人坚定的态度:面对挫折或不幸,"悲伤"会吞噬一个人的斗志,"心急"会让人焦虑,都不能解决问题;只有"镇静"才有助于冷静思考、正确判断。

3. "相信吧,快乐的日子将来临","心儿永远向着未来"表明诗人坚信未来是美好的。

4. 两个"一切"强调一切艰难困苦都会过去。

▲ **活动设计三：以诗会友**

1. 微改诗歌,送给考试失败了的朋友。

示例:假如分数伤了你的心,

　　　不要悲伤,不要心急!

　　　失败的时候须要镇静:

　　　相信吧,成功的日子将会来临。

　　　……

2. 微改诗歌,送给被朋友误解了的自己。

如果你真诚对待朋友,却被他误解了,可否把这首诗改一改送给自己?

示例:假如友谊欺骗了我,

　　　不要悲伤,不要心急!

　　　委屈的日子里需要镇静:

　　　相信吧,和解的日子将会来临。

　　　……

3. 你还可以把这首诗歌送给哪位朋友?

请自行确定送诗对象,微改,吟诵。

4. 联通诗歌——《未选择的路》。

(1) 圈画《未选择的路》诗中写到的事物;

(2) 圈画能表现诗人选择前后心理感受的词;

(3) 圈画能体现"我"选择的路特点的词。

(4) 假如因为选择而犹豫、忧郁的弗罗斯特遇上了普希金,普希金会如何应答弗罗斯特?

示例:

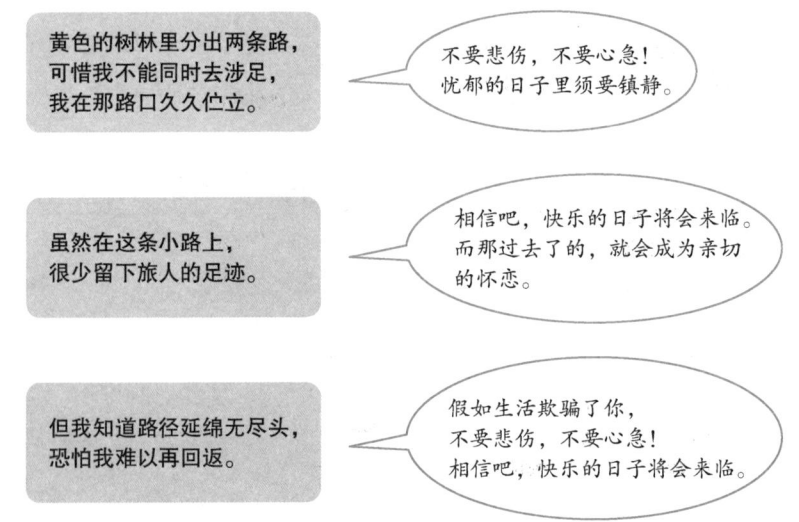

(三) 课堂小结

本节课我们通过诗歌吟诵,感受诗人积极的人生态度。又通过以诗会友的活动,从哲理诗中汲取生活的智慧,学以致用。

(四) 布置作业

1. 选择其中一首诗背诵积累。

2. 收集关于写"路"的诗句(3—5句)。

3. 拓展阅读宫玺的《假如你欺骗了生活》。

21　古代诗歌五首

一、教学目标与学习要素

（一）教学目标

1. 有感情地诵读诗歌，感受诗歌的韵律美。
2. 品味富有表现力的词句，感受诗歌的语言美。
3. 体会诗人所表达的情感，理解诗歌中蕴含的哲理。
4. 背诵积累这五首诗歌，并学以致用。

（二）学习要素

1. 古代诗歌的声韵美。
2. 诗歌的语言美和意蕴美。

二、文本解读

（一）课文整体解析

1.《登幽州台歌》

696年，契丹攻陷营州。武则天派武攸宜率军征讨，陈子昂随军出征。武攸宜为人轻率，少谋略。陈子昂接连进言，武攸宜不仅不听，反把他降为军曹。诗人眼看报国宏愿成为泡影，因此登上蓟北楼，慷慨悲吟，写下了这首吊古伤今、追昔怀人的悲歌。

古人、来者，都象征燕昭王那样的贤君。燕昭王，初流亡在韩国，因燕国内乱，被赵武灵王派人送归。即位后，卑身厚币招纳贤士，师事郭隗，士人争相趋燕。外用苏秦，内用乐毅，经过休养生息，国家殷富，士卒效命。燕昭王二十八年（288），遣乐毅率联军打败宿敌齐军，占领齐城邑七十余座，燕国进入鼎盛时期。幽州台就是燕昭王用来招揽贤士的黄金台。诗人渴慕贤君，却不得"见"，一身才华，却不得施展，壮志难酬的惆怅和孤寂跃然纸上。面对茫茫天宇，发出"独怆然而涕下"的慨叹，赢得后人广泛的共鸣。

2.《望岳》

《望岳》是杜甫早年的诗作,共有三首,分咏东岳、南岳、西岳,这首是望东岳泰山。开元二十四年(736),二十四岁的杜甫开始了"裘马清狂"的漫游生活。此诗写于诗人北游齐、赵等地之时。全诗没有一个"望"字,但句句写向岳而望。距离自远而近,时间从朝至暮,并且由望岳想象将来的登岳,字里行间洋溢着青年人的朝气。通过描绘泰山雄伟磅礴的气象,赞美了泰山高大雄伟的气势和神奇秀丽的景色,流露出诗人对祖国山河的热爱之情,同时表达了诗人不怕困难、敢攀高峰、俯视一切的雄心和气概,以及卓然独立、兼济天下的豪情壮志。

3.《登飞来峰》

宋仁宗皇祐二年(1050)夏,王安石在浙江鄞县知县任满回江西临川故里,途经绍兴,写下此诗。此时诗人只有三十岁,正值壮年,抱负不凡,借登飞来峰一抒胸臆。诗作通过描写登飞来峰远眺时的所见、所感,表达了诗人高瞻远瞩、不畏困难、积极向上的人生态度。

4.《游山西村》

这是陆游在宋孝宗乾道三年(1167)谪居山阴期间写的一首闲适之作,也是一首记游抒情诗。在此之前,陆游因为极力支持张浚北伐,北伐失败,被罢归故里。对照诈伪的官场,家乡淳朴的生活令作者产生无限的欣慰之情。诗歌形象生动地描绘出一幅色彩明丽的农村风光图,诗人陶醉在山西村的人情美、风景美、民俗美中,流露出乡居时的悠闲惬意之情。同时诗人始终忧怀国事,并未丧失信心,深信总有一天会否极泰来。这种心境和所游之境吻合,于是产生了传诵千古的名句"山重水复疑无路,柳暗花明又一村"。

5.《己亥杂诗》(其五)

清道光十九年(1839)是己亥年,也是鸦片战争爆发的前一年,英国利用鸦片入侵,朝廷分为主战与主和两派。龚自珍越位言事,竭力主战,因而"忤其长官,赋归来",他辞官南归,后又北上迎取眷属,在往返途中共写成七绝315首,总题为《己亥杂诗》。这是第五首,抒发了诗人辞官离京时的复杂感情,表现了诗人不畏挫折、不甘沉沦,始终要为国家效力的坚强性格和献身精神。

(二)重点语段细读

1. 前不见古人,后不见来者。念天地之悠悠,独怆然而涕下。

前两句俯仰古今,写出时间之绵长,慨叹自己生不逢时;后两句写登楼眺望,写出空间的辽阔,表达孤单寂寞、悲哀苦闷的情绪。用词造语方面,本诗深受《楚辞·远游》篇的影响。《远游》有云:"惟天地之无穷兮,哀人生之长勤。往者余弗及兮,来者吾不闻。"本篇语句就是从此化出,然而意境更加苍茫遒劲。

句式方面,采用长短参差的楚辞体句法。前两句每句五个字,三个停顿,其式为:前——不见——古人,后——不见——来者。后两句每句六个字,四个停顿,其式为:念——天地——之——悠悠,独——怆然——而——涕下!

朗读时,前两句音节比较急促,传达诗人生不逢时、抑郁不平之气;后两句各增加了一个虚词("之"和"而"),多了一个停顿,音节就比较舒缓流畅,表现他无可奈何、曼声长叹的情景。

2. 岱宗夫如何?齐鲁青未了。造化钟神秀,阴阳割昏晓。

荡胸生曾云,决眦入归鸟。会当凌绝顶,一览众山小。

首联,写乍然之间望见泰山,不由自主地诘问、惊叹,千里齐鲁大地蓬蓬勃勃在眼前展开,以距离之远烘托泰山之高大。这一联中的"夫"字,古文中常用在句首,这里融入诗句,是一种创新用法,非常别致。颔联一个"钟"字写出了大自然的深情,同时融入了作者的深情;一个"割"字则写出了山南山北一明一暗的昏晓之别,也写出了泰山之高大险峻。毛泽东《十六字令》中"山,刺破青天锷未残",两者有异曲同工之妙。颈联前一句写见山中云气层出不穷,心胸为之荡漾,让人联想到北朝陶弘景的"山中何所有,岭上多白云。只可自怡悦,不堪持赠君"那种喜悦;后一句可以比较臧克家《难民》中的"黄昏还没溶尽归鸦的翅膀",可知时已薄暮,诗人还在望,对泰山的喜爱之情不言而喻。尾联化用孔子"登泰山而小天下"之典,是诗人想象中的景象,表面看来说的是,将来一定要登上泰山顶峰,到那时众山在"我"眼中都是"渺小"的,实际上表达了诗人"治国平天下"的远大理想。

3. 飞来山上千寻塔,闻说鸡鸣见日升。不畏浮云遮望眼,自缘身在最高层。

首句即富奇趣,"千寻"用夸张极言峰上古塔之高,给人气势凛然的感觉。随后气势再胜一层,还是在渲染塔之高。第三、四句诗人站在飞来峰顶,登高望远心胸开阔,不怕层层浮云遮住视野。这句话,惯常被认为是变法的前奏之音,古人常把"浮云"比作奸佞邪臣,"不畏"二字表现了与奸邪斗争的勇气和决心。其实"千寻塔"、"见日升"、"最高层",意为目极万里之辽远,在空间距离的极限下,精神内核已经光芒万丈。

4. 莫笑农家腊酒浑，丰年留客足鸡豚。山重水复疑无路，柳暗花明又一村。箫鼓追随春社近，衣冠简朴古风存。从今若许闲乘月，拄杖无时夜叩门。

首联渲染出丰收之年农村欢悦的气象。"莫笑"二字道出诗人对淳朴民风的赞赏。诗人在这里是"客"，诉说着山西村人对自己的款待。酒食菜肴虽粗劣但丰盛，好像这里来的不是游人，而是久别重逢的朋友。"山重水复疑无路，柳暗花明又一村"，描写的是诗人置身山阴道上，信步而行，疑若无路，忽又开朗的情境。"山重水复"写空间与空间的转化，造成广阔的境界；"柳暗花明"写色彩的繁复，造成意蕴空间的深度。这两句诗，常用来体现宋诗的理趣，道出了不懈追求、世间事物此消彼长的哲理。接下来"春社"和"衣冠简朴"，是浙东一带乡土风俗。尾联道出了时间之远和未来的生活愿景。诗歌的结构，是按照时间在安排，关联着现在、过去、未来，眼前人和景，心中情或意，造成一幅与民同乐的温馨画卷。诗歌涉及的远游、打破时空、融情于民，其背后的意蕴是立体的，"若许"一词，潜意识里还是萌动着一丝淡淡的忧伤。

5. 浩荡离愁白日斜，吟鞭东指即天涯。落红不是无情物，化作春泥更护花。

诗人龚自珍离开与自己生活关系密切的京城，"离愁"自然广大无边。"白日斜"点明"离愁"产生的背景，使人感到这并不单纯是离开一个生活多年的地方时的眷恋惆怅之情，而是有着更深广的内涵。从诗人遭际看，"白日斜"既指离京的时间，又象征着当时的国运与局势，正因为有这样深广的家国之忧、身世之感，这离愁便包含着政治的内涵。"即天涯"用刘禹锡的诗，"春明门外即天涯"之意，意思是一出国门即同天涯。这里有对朝廷的眷恋，也有对国事的忧念。诗人离开北京的时间是阴历四月二十三，这正是北京地区春意阑珊、落红无数的季节。诗人在路上看到飘零的落花，联想到沦落的身世原很自然，但这里引出的并不是对落红"零落成泥碾作尘"的消极感伤，而是一种积极的人生态度。诗人从"落花——春泥——护花"的现象中得到启迪，创造出"化作春泥更护花"这一动人的名句，将对"落红"的深情升华到一个更高的、带有自觉奉献精神和人生哲理的境界。

三、教学过程

（一）导入

想要读懂一首古诗，你有什么小妙招？

(二) 活动设计

▲ 活动设计一：拉关系，找亲戚

自读五首诗歌，按要求归归类。

按诗人朝代	唐诗		按诗歌题材	登高诗	
	宋诗			游记诗	
	清诗		按诗歌抒发的情感	悲愁情绪	
按诗歌形式	五言				
	七言			闲适愉悦	
	杂言				
	绝句			豪情壮志	
	律诗				

▲ 活动设计二：建展馆，写简介

学校筹建了文学纪念馆，其中陈子昂、杜甫、王安石、陆游、龚自珍的展馆都缺少一份简介，请你为他们分别编写一份简介。

示例：

陆游（1125—1210），字务观，号放翁，越州山阴（今浙江绍兴）人，南宋文学家、史学家、爱国诗人。陆游出生于两宋之交，成长在偏安的南宋，民族的矛盾、国家的不幸、家庭的流离，给他幼小的心灵带来了不可磨灭的印记。他因坚持抗金，屡遭主和派排斥。

龚自珍（1792—1841），字璱人，号定盦。仁和（今浙江杭州）人。晚年居住昆山羽琌山馆，又号羽琌山民。清代思想家、文学家和改良主义的先驱者。曾任内阁中书、宗人府主事和礼部主事等官职。主张革除弊政，抵制外国侵略，曾全力支持林则徐禁除鸦片。48岁辞官南归，次年卒于江苏丹阳云阳书院。他的诗文主张"更法"、"改图"，洋溢着爱国热情，被柳亚子誉为"三百年来第一流"。

▲ 活动设计三：设计心情色卡

结合诗句内容，判断五位诗人写作时的心情愉悦指数，设计相应的心情色卡。简要说明理由。

示例：

《登幽州台歌》陈子昂心情愉悦指数为一颗星,心情色卡是灰色。

理由:"前不见古人,后不见来者",诗人感叹自己生不逢时,怀才不遇。"念天地之悠悠,独怆然而涕下"写出了诗人孤独寂寞悲伤,所以心情愉悦指数为一颗星,心情色卡是灰色。

▲ **活动设计四:假如陈子昂也有微信朋友圈**

假如陈子昂把《登幽州台歌》这首诗发在了微信朋友圈,普希金、杜甫、王安石、陆游、龚自珍都看到了这条微信,并且都用自己的诗句作了回复,你认为他们分别会用哪句来回复呢?

> 陈子昂
> 　　前不见古人,后不见来者。
> 　　念天地之悠悠,独怆然而涕下。
>
> 普希金:＿＿＿＿＿＿＿＿＿＿
> 杜　甫:＿＿＿＿＿＿＿＿＿＿
> 王安石:＿＿＿＿＿＿＿＿＿＿
> 陆　游:＿＿＿＿＿＿＿＿＿＿
> 龚自珍:＿＿＿＿＿＿＿＿＿＿

示例:

普希金:假如生活欺骗了你,不要悲伤,不要心急!忧郁的日子里须要镇静。

杜甫:齐鲁青未了。

王安石:不畏浮云遮望眼。

陆游:山重水复疑无路,柳暗花明又一村。

龚自珍:吟鞭东指即天涯。

▲ **活动设计五:为诗句觅知音**

下列诗句分别与右边的哪一联意思相近、情感相似、哲理相通?请用直线连接。

1. 前不见古人,后不见来者。　　　　不识庐山真面目,只缘身在此山中。

2. 会当凌绝顶,一览众山小。　　　　春蚕到死丝方尽,蜡炬成灰泪始干。

3. 不畏浮云遮望眼,自缘身在最高层。　千山鸟飞绝,万径人踪灭。
4. 山重水复疑无路,柳暗花明又一村。　欲穷千里目,更上一层楼。
5. 落红不是无情物,化作春泥更护花。　远山初见疑无路,曲径徐行渐有村。

(三) 课堂小结

读懂一首古诗的路径和方法有哪些？请学生作小结。

(四) 布置作业

1. 背诵积累五首诗歌。
2. 课外阅读杜甫的《登岳阳楼》《春望》,与《望岳》比较,说出其表达的思想情感有怎样的差异。
3. 完成下面表格。

诗歌	作者及其朝代	诗歌体裁	内容及其思想情感	出自本诗的名句
登幽州台歌				
望岳				
游山西村				
己亥杂诗(其五)				
登飞来峰				

写作　文从字顺

一、教学目标与学习要素

(一) 教学目标

1. 通过观察,把握景物特点,展开具体描述。
2. 用词恰当,行文连贯,中心明确。

(二) 学习要素

围绕中心展开描述,用词恰当,行文连贯。

二、教学建议

文从字顺是写作的基本要求,指的是语言表达清楚、明白、准确,行文通顺、流畅。具体而言,用词要准确、恰当,避免产生歧义;语句连贯,前后句语意有明确关联,承接转折合乎事理。

文从字顺是写作的基本功,需要在写作训练中反复磨炼,不断提高。下笔前,先根据题目列个提纲或打个腹稿。下笔时,要一气呵成,避免断断续续。叙述过程中,话题、人称或角度不要随意变换,避免混乱。写完后,自己要读一读,发现拗口、含混、不顺畅处,做出修改和调整。

三、教学过程

(一) 导入

今天的写作课,我们要学习的是"文从字顺",请你说说什么叫"文从字顺"?

(二) 活动设计

▲ 活动设计一:读例句,找问题

1. 读一读下面这段话,你觉得它文从字顺吗?

"妈妈",最简单的称呼,可是又不简单,简单之中包含最亲切、最有磁性的东西;"母爱",最不平凡的爱,可是又平凡,平凡之中包含最伟大、最无私的东西。

2. 什么地方不顺? 应该如何修改? 理由是什么?

明确：

应修改为："母爱"，最平凡的爱，可是又不平凡。

理由是：要与前一句"'妈妈'，最简单的称呼，可是又不简单"形成对应衔接。

小结：文从字顺——句序要前后一致。

▲ **活动设计二：读语段，理思路，作修改**

1. 读一读下面这段人物描写，理一理描写的顺序，你觉得合理吗？

肖老师总是把自己打理得很好。头发干净利落，总穿一件蓝色的衬衫，配一条黑色裤子，挺着一个啤酒肚，戴着一副黑框眼镜，脸上总挂着和蔼的笑容。

这段肖像描写的顺序为：头发→上衣→下裤→肚子→眼镜→表情，一会儿上一会儿下，顺序不合理。

2. 这些内容组合在一起要表现肖老师什么特点呢？

如果说中心句是"肖老师总是把自己打理得很好"，那么，"挺着一个啤酒肚，戴着一副黑框眼镜，脸上总挂着和蔼的笑容"，显然没有围绕这一中心句来写作。

3. 应该如何修改？

示例：

第一眼看到肖老师，穿着蓝白格子衬衫，配上黑色长裤和黑色皮鞋，给人感觉清爽帅气。再看白净的脸上架着一副黑框眼镜，又增添了斯文气息。我想，肖老师大概来自书香之家吧。

小结：文从字顺——观察有序；表达有中心，语句连贯。

▲ **活动设计三：范文赏析**

赏析《紫藤萝瀑布》第6段，可用语段中哪个字概括本段描写的情景？按怎样的顺序来描写的？从哪几个角度描写的？从哪些语句中可以感受到作者对眼前景象的喜爱之情？

小结：文从字顺——观察要抓准特别之处；表达要条理清楚、层次分明；用词准确，语句连贯；中心明确，情感自然。

▲ **活动设计四：跟我来参观**

一年一度的招生工作开始了，学校要对小学五年级学生和家长进行开放，为了让前来参加活动的小学毕业生和家长对本校有更多了解，并且喜欢上我们学校，现在，请你做一回校园导游志愿者，给他们描述一下你最喜欢的校园一角（200字左右）。

提示：

首先，请想一想，你最喜欢的是校园哪一角？这个角落有什么特点，让你感受到什么？

然后，按照怎样的顺序、从哪些角度来描述？

写完后，读一读，注意中心是否明确、用词是否恰当、语序是否合理、上下句是否连贯。

▲ **活动设计五：交流、点评**

同桌交流互评；自愿展示、师生点评。完成以下表格。

"文从字顺"评价量表

评价指标	自评	互评
中心是否明确		
用词是否恰当		
语句是否连贯		
……		

（三）课堂小结

本节课我们通过三个语段的品读分析，明确了文从字顺就是要求做到：中心明确，语言准确，行文连贯。又通过片段写作实践，体会如何实现"文从字顺"。

（四）布置作业

请以《我喜欢的校园一角》为题，把课堂所写的200字片段扩展为一篇不少于500字的作文。

提示：可以借鉴课文的写法，从多个角度描述"一角"的特点，还可以引入相关的活动、事件，体现自己对这一角的喜爱之情。写完以后，多读两遍，力争做到文从字顺。

单元练习

1. 找出下列比喻句的喻体，分析作者这样比喻的妙处。
   ① 从未见过开得这样盛的藤萝，只见一片辉煌的淡紫色，像一条瀑布，从空中垂下……
   ② 紫色的大条幅上，泛着点点银光，就像迸溅的水花。
   ③ 每一朵盛开的花就像是一个小小的张满了的帆……

   _____
   _____

2. 《紫藤萝瀑布》第8段中关于十多年前的紫藤萝部分可以不写吗？为什么？
   _____
   _____

3. 《一棵小桃树》中多处写到了奶奶，请找出相关语句，分析写奶奶的作用。
   _____
   _____
   _____

4. 《一棵小桃树》结尾段，作者说"小桃树啊！我该怎么感激你？"作者为什么要感激"小桃树"呢？
   _____
   _____

5. 有人说，"不畏浮云遮望眼，自缘身在最高层"与苏轼的"不识庐山真面目，只缘身在此山中"有异曲同工之妙，你赞同吗？
   _____
   _____

解析

1. 检测点：把握比喻句的本体和喻体，理解这样设喻的表达效果。
   参考答案：喻体分别是"从空中垂下的瀑布"、"迸溅的水花"、"张满的帆"，这些喻体都是动态的，都与水流相关，这样比喻化静为动，形象地写出紫藤萝花的繁盛和生命的蓬勃，同时与主旨句"生命的长河是无止境的"意脉连贯。

2. 检测点：理解插叙内容的作用，理解段与段之间的关系。

参考答案：不可以。写十多年前的紫藤萝花稀落伶仃与眼前紫藤萝花繁盛的景象形成对比，由花的盛衰让人自然联想到人的生死，从而引出主旨句"花和人都会遇到各种各样的不幸，但是生命的长河是无止境的。"再则，根据文末的写作时间1982年5月，联系第8段的"十多年前"，可以推断出时间，那正是"文革"时期。"文革"时期，赏花是属于生活腐化的行为，所以花受摧残、人被批判。这暗示十年"文革"给我们的国家带来巨大的创伤，也是我们民族的不幸，但这一切都已过去，一切疾病和痛楚也都会过去。

3. 检测点：关注文中奶奶的言和行，进而理解作者写作本文的意图。

参考答案：奶奶对这棵小桃树的长成起着关键的作用：是奶奶给了"我""仙桃"吃，并说桃核可以让人生出梦想；而"我"把桃核埋到墙角的土里后，也是奶奶最先发现它破土而出；随着小桃树的渐渐长大，"我"出门在外，家里人都觉得它没用了，又是奶奶守护了它。所以奶奶在"我"的成长中起着重要作用，因此奶奶去世后，作者凝视风雨中飘摇的小桃树，"心里呼喊着奶奶"，那一刻桃树便是奶奶，树、人合一，象征着亲情和梦想。

4. 检测点：品读结尾段，关联前后文，理解主旨。

参考答案：小桃树在艰难的环境中努力生长，在风雨的洗礼后依然绽放出最美丽的花朵。作者被小桃树这种顽强的生命力所感染，领悟到在面对挫折和磨难时，只要不屈不挠，定能创造出美好的未来，所以他对小桃树充满感激之情。

5. 检测点：通过比较阅读，理解王安石与苏轼从不同角度表达相似的哲理。

参考答案："不畏浮云遮望眼，自缘身在最高层"是从肯定方面而言，指认识达到了一定的高度，就能透过现象看本质，不会被事物的假象迷惑。"不识庐山真面目，只缘身在此山中"是从否定方面而言，人们之所以被事物的假象迷惑，是因为没有全面、客观地观察事物、认识事物。所以两者的确有异曲同工之妙。

第六单元

| 单元教学目标 |

1. 学习浏览，借助合适的方法，确保阅读速度，迅速提取字里行间的主要信息。

2. 通过本单元学习，培养学生的科学精神，在阅读文章的基础上，提出思考和质疑。

| 单元内容框架 |

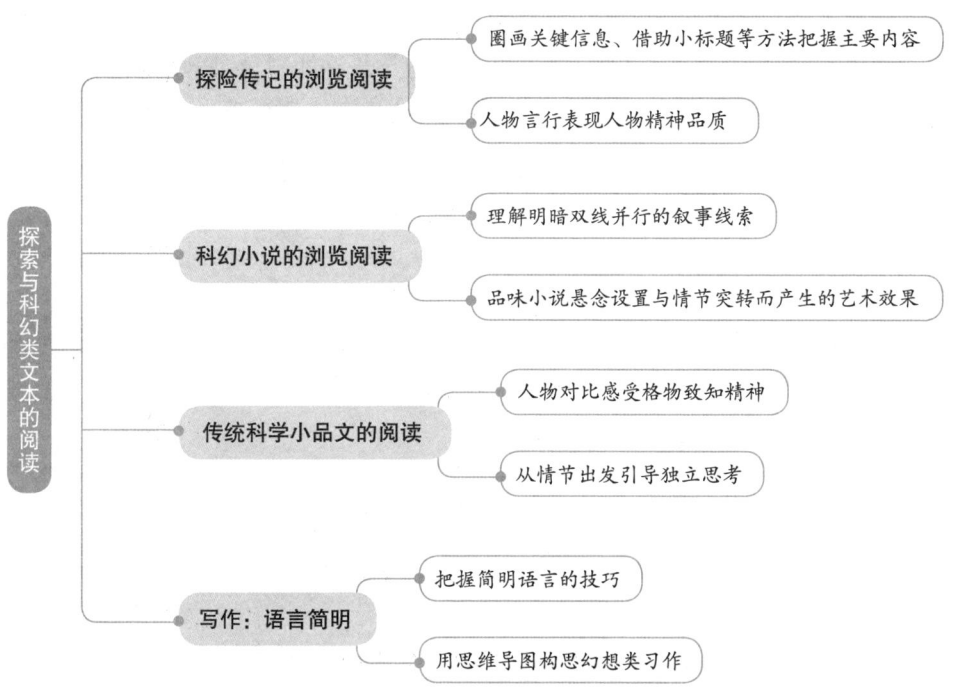

单元设计说明

本单元选编的课文,涉及探险或属于科幻题材。《伟大的悲剧》中斯科特等人在探险事业中成就了"伟大的悲剧",震撼人心。《太空一日》里中国首位飞天航天员杨利伟的认真严谨、一丝不苟和沉着镇定是中国航天人的典型代表。科幻小说《带上她的眼睛》以大胆的科学幻想和细腻的情感描写来塑造热爱生活、大义大勇的地航员,其中人性的光辉和魅力冲击读者心灵。笔记小说《河中石兽》启发人们思考发现事物的真相是什么。本单元的课文中西兼具、视野广大,从中可体验人类永不停息的伟大探险精神,让学生感受严谨的科学态度和大胆的质疑精神,从而激励学生培养科学态度、探险精神和创新精神。

本单元大部分课文篇幅较长,适宜进行浏览训练。每篇文章的浏览训练皆有适合文本的方法,可以抓时间、地点、事件等重要信息,也可以留意每段首句,或借助各部分小标题,也可以带上问题去一目十行地读,迅速提取字里行间的主要信息。本单元主题教学第一课时可采取整体集中训练浏览方法的方式,多篇"横向"关联教学,便于学生整体把握,而非零碎感知。本单元在训练浏览的基础上,还需要引导学生关注和理解科学探险者探求未知领域的可贵精神。本单元我们大胆尝试横向对比不同作品塑造的人物精神品质,同中求异,再顺势探究科学的思辨、质疑精神,让学生学会深度学习。

22　伟大的悲剧

茨威格

一、教学目标与学习要素

（一）教学目标

1. 学习浏览的阅读方式，提高阅读速度，把握文章的主要内容。
2. 把握作者表达的思想感情，深入体会"伟大的悲剧"的含义。
3. 关注文中人物描写的细节，理解文本表现出的人物崇高精神品质。

（二）学习要素

1. 梳理课文主要内容的方法。
2. 分析故事情节，体会文章主旨和作者的情感态度。
3. 把握人物描写、塑造人物的方法。

二、文本解读

（一）课文整体解析

《伟大的悲剧》这篇传记是作者根据斯科特遗留下来的一些底片、电影胶卷、书信和遗书等材料，加入作者的情感与想象写成的。因原作篇幅过长，选作课文时，删去了前面写斯科特一行人的探险准备和出发去南极的部分，而保留了他们从南极绝望而归以致悲壮覆灭的部分。这一部分正是全文的主体部分，也是集中展现斯科特的精神和作者的情感态度，体现全文主旨内容的部分。

此文的背景是挪威探险家阿蒙森和英国探险家斯科特，在南极展开了一场富于戏剧性又令人心酸的角逐。作者茨威格饱含深情地用文学的笔法，从人类征服自然的崇高悲壮精神的角度来写这一事件，特别是在面对失败和死亡时斯科特探险队员表现出的那种勇敢、坦然、镇定的精神面貌，尤为震撼人心。

在归途中他们与死亡抗争，值得人肃然起敬，始终没有向世界哀叹过一声自己最后遭遇的种种困难。他们勇于承认自己的失败，并愿意"在世界面前为另一个人完成的业绩作证，而这事业正是他们所热烈追求的"。他们死得悲壮，我们从他们身上感受的是震撼的力量。

《伟大的悲剧》一文颂扬的是一种人类勇于探索的精神、为事业而献身的崇高精神和强烈的集体主义精神,课文善于通过细节来表现人物的"伟大"。比如,历尽艰险到达极点,等待他们的却是阿蒙森留下的国旗和信件,并要斯科特这个失败者为他完成的业绩作证,而斯科特居然接受了这项任务!再如负责科学研究的威尔逊博士,在离死神只有寸步之遥的时候,仍坚持科学观察,并拖着 16 公斤的珍贵岩石样品!还有不幸的奥茨,先是要求给他十片吗啡,以图尽快结束自己的生命,其他队员坚决拒绝他的要求,第二天他独自走到帐篷外的茫茫风雪……而最后斯科特海军上校极其冷静地在日记中记录了自己生命的最后一刻,直到他的手指完全冻僵,笔从手中滑下来为止,这样的细节相信会感动读者!作者描绘的五位探险者是英国的英雄,也是全人类的英雄,他们的伟大,让人仰慕。阅读时要注意理清故事情节,通过体会"伟大的悲剧"的深刻含义,更好地把握文章重点,体会作者所表达的思想感情。

(二)重点语段细读

斯科特海军上校的日记一直记到他生命的最后一息,记到他的手指完全冻住,笔从僵硬的手中滑下来为止。他希望以后会有人在他的遗体旁发现这些能证明他和英国民族勇气的日记,正是这种希望使他能用超人的毅力把日记写到最后一刻。最后一篇日记是他用已经冻伤的手指哆哆嗦嗦写下的愿望:"请把这本日记送到我的妻子手中!"但他随后又悲伤地、坚决地画去了"我的妻子"这几个字,在它们上面补写了可怕的"我的遗孀"。

对五位勇士相继走向死神的描写是值得关注的,特别是对斯科特的描写。我们可以先回顾前四位勇士的离去:先是被认为最身强力壮的埃文斯突然精神失常,在这一夜里死去,接着是奥茨为了不拖累同伴而独自走向暴风雪——像一个英雄似的走向了死神。在两位战友离他们而去后,另外三位也明白了"希望都破灭了",面对死神的到来,他们作了最好的选择,威尔逊在雪橇上还装上了矿石。特别是这段文字对于斯科特日记写到生命最后一刻的描写。一个勇敢的探险队员,在其笔端流露出对祖国、对亲人、对朋友的思念之情,没有豪言壮语,没有痛哭流涕,只是斯科特临死之前,在日记中把"我的妻子"改为"我的遗孀",这个小小的细节描写点出了人物的悲伤,更彰显了人类的伟大,真实地再现了斯科特富有人情味而又高尚的内心世界,给人以极大的感染,引起读者感情共鸣,突出了文章的悲剧效果。

三、教学过程

(一) 导入

历史介绍：设立在南极南纬九十度的科学实验站取名为"阿蒙森-斯科特站"，这是为了纪念人类历史上到达南极点的两位科学探险家——挪威人阿蒙森和英国人斯科特。人们常常会纪念某件事情的第一人，而为什么这个实验站以两位科学探险家命名呢？

作者介绍：斯蒂芬·茨威格（1881—1942），奥地利著名作家、小说家、传记作家。他被公认为世界上最杰出的中篇小说家之一，最善于写孤独的人的奇特遭遇。其代表作有小说《象棋的故事》《一个陌生女人的来信》、传记《三位大师》等。

(二) 活动设计

系列活动：建立网络版南极探险者纪念馆之斯科特展区

▲ 活动设计一：撰写斯科特简介

1. 根据茨威格《人类的群星闪耀时》中的《夺取南极的斗争》撰写斯科特的简介。

2. 根据课文画出斯科特等人的探险路线图，并且用四字短语来归纳斯科特南极探险的过程。

奔向南极──→绝望而归──→带信作证──→归途遇险──→悲壮覆灭

▲ 活动设计二：选择陈列展品

1. 根据课文内容选择有代表性的线上展品加以陈列。

预设：插在南极点的英国国旗；温度计；帐篷斯科特上校的日记本；斯科特上校的笔。

2. 为所选的展品写一段简要的说明。

▲ 活动设计三：请你在斯科特展区留言

作为游客，请根据课文内容在线上展区留言，可以针对斯科特团队五位英雄中的任意一位，也可以给这一组悲壮的团队留言。

示例：

1. 斯科特一行人具有诚信、高洁的高贵品质。斯科特一行在与阿蒙森的竞争中失败了,但他们勇于承认失败,并愿意"为他人做证",体现出他们具有诚实守信、高洁的品质。

2. 在离死只有寸步之遥的时候仍然坚持科考,体现出威尔逊博士对工作的认真、严谨,对探险事业的热爱,对死亡的无惧。

3. 奥茨顾全大局,具有强烈的集体主义精神。探险需要团结协作,在关键时刻为了保护同伴,献出自己的生命。

4. 在他的日记中丝毫没有流露出对死亡的恐惧,取而代之的是一种冷静、坚毅。斯科特在临死之前想到的不是自己,而是祖国、家人,他在临死之前饱含感情写下遗书,既表现了他对死亡的坦然接受,又体现了他对妻子深深的爱。我们不难看出斯科特的坚毅勇敢和顽强不屈。

(三)课堂小结

作为一位伟大的作家,茨威格想在许多历史事件背后给人精神上的震撼和启迪,而悲剧往往拥有着巨大的震撼力。茨威格认为给斯科特作传会更有意义,会引发人更长久的思考。所以,我们从课文的最后两句话中得到这篇文章的主旨:"一个人虽然在同不可战胜的厄运的搏斗中毁灭了自己,但他的心灵却因此变得无比高尚。所有这些在一切时代都是最伟大的悲剧。"

(四)布置作业

必做题:摘录文中具体描写探险者的语句,结合关键字词分析人物的特点。

选做题:为斯科特写一段墓志铭。

23　太空一日

杨利伟

一、教学目标与学习要素

(一) 教学目标

1. 运用浏览的方法快速了解课文的主要内容,把握本文的结构特点。
2. 品味文章,体会作者严谨、科学的态度,感受字里行间蕴含的情感。
3. 了解杨利伟所代表的我国宇航员的优秀素质,学习他们的崇高精神。

(二) 学习要素

1. 借助小标题,梳理文章的主要内容和写作顺序。
2. 分析人物的心理和举动,体会语句中所蕴含的情感,把握主要人物的形象。

二、文本解读

(一) 课文整体解析

本文节选自中国航天员杨利伟撰写的个人传记《天地九重》,有删改,虽然是节选,但是文章选取的部分也相对完整地记录了杨利伟太空一日的过程和经历,便于阅读分析。课文由四部分组成,最明显的特征是有四个小标题划分,分别是"我以为自己要牺牲了"、"我看到了什么"、"神秘的敲击声"、"归途如此惊心动魄",分别就起飞时的生死考验、太空中的真实所见、飞船上的声音探究、返回途中的惊险际遇进行了具体介绍。所以文章虽然篇幅较长,但是根据小标题,很容易把握文章主要内容,达到对文本进行整体把握的要求。

本文属于记叙文,展现了杨利伟首飞太空的经历,表现了航天员杨利伟将个人安危置之度外的英雄气概以及认真严谨的工作作风。借助小标题对文本进行整体把握,第一小节的小标题是"我以为自己要牺牲了",让读者感到非常紧张,急切地想要了解事情发生的过程,原来是在飞船发射升空的过程中出现了意外,导致了共振叠加,杨利伟感觉五脏六腑都要被震碎,极其痛苦。第二小节的小标题是"我看到了什么",写了作者进入太空后的所见。第三小节"神秘的敲击声",写的是一个不明原因、毫无规律、不可描述的敲击声,杨利伟仔细观察之后还是没有发现问题,所以显得非常神秘。第四小节"归途如此惊心动魄",仅标题来看就出人意料,引人入胜。怎么会惊心动魄?原来是返回途中,飞船出现了意想不到的裂纹,这就给航天员带来了压力。

(二) 重点语段细读

飞船急速下降,跟空气摩擦产生的激波,不仅有极高的温度,还伴随着尖利的呼啸声;飞船带着不小的过载,还不停振动,里面咯咯吱吱乱响。外面高温,不怕!有碎片划过,不怕!过载,也能承受!但是看到舷窗玻璃开始出现裂缝,我紧张了,心想:完了,这个舷窗不行了。

第四部分"归途如此惊心动魄"中有两次惊心动魄的经历,一次是右边的舷窗出现裂纹,一次是抛伞的时候晃荡。特别是舷窗出现裂痕这个过程非常紧张,在这段文字里,不紧张与紧张形成了对比,突出了当时情况的危急和惊险。作者用内心独白的方式呈现自己的心理活动,让读者直接了解和感受。

在快速浏览之后,提取信息,然后再进行深层次的阅读和解读,把握人物的精神品质。本文心理描写比较多,比较直接地描写出杨利伟的心理素质和品质。通过深入挖掘,可以更深刻地体会航天英雄的勇敢坚强、不畏艰难和爱国情怀。

三、教学过程

(一) 导入

播放杨利伟作为第一位进入太空的中国人的新闻视频,激发学生阅读文章的兴趣。

(二) 活动设计

▲ 活动设计一:看标题讲故事

1. 扫描:用10秒钟,扫描文中四个小标题,然后口述出来。
2. 组合:对四个标题作排列组合,看看可以产生哪些不同的效果?
3. 复述:浏览课文,按课文中小标题的顺序,讲述杨利伟的太空故事。
4. 比较:将自己讲述的故事与课文作对比,看看有哪些区别?

▲ 活动设计二:看标题探原因

通过快速浏览课文,抓住重要信息,通过学生的提问与解答,提升学生提取信息、概况内容的能力。

1. 我为什么以为自己要牺牲了?
2. 我到底看到了什么?
3. 我听到了什么? 这个声音神秘在哪里?
4. 是什么事情让我觉得惊心动魄?

提示:"我以为自己要牺牲了"的感受是杨利伟在感觉到共振叠加时,五脏六腑都要被震碎了的情况下所表达出的一种心理感受,同时他还讲述了克服这种心理的过程。

在"我看到了什么"这个部分中信息比较分散,需要分析提炼。这部分讲的是杨利伟在太空中的所见:在太空中看地球是一段弧;各国的方位位置;中国的方位;尤其是"我"对北京的观察;还观察到类似棉絮状的物体从舷窗外飘过。

"神秘的敲击声",神秘在何处? ①出现的原因不明;②出现得毫无规律;③出现的声音无法描述。

"归途如此惊心动魄",体现在右边舷窗出现裂纹以及抛伞过程中的晃荡。这个过程也是极其紧张与惊心动魄。

▲ **活动设计三:填表格赞英雄**

通过对杨利伟面对意外的处理方法以及心理举措,分析杨利伟作为中国航天人的精神品质。

1. 作为中国人第一场太空旅行,我们感受到了紧张与惊心动魄吗? 尽管准备充分,却遇到了许多意料之外的事情,请梳理文中遇到了哪些"意外"? 他又是怎么做的?

	"意外"	心理或举动
第一次	共振叠加,五脏六腑要碎了	以为要牺牲了,顽强忍受
第二次	产生"本末倒置"的错觉,倒着飞很难受,容易诱发空间运动病	靠意志克服,最终得以适应
第三次	出现神秘的敲击声	很紧张,边听边看,冷静观察
第四次	返程时舷窗出现裂纹	紧张、担心,通过观察判断应该没事
第五次	抛伞开伞时飞船晃动很大,折磨人	让人不知道怎么回事,感到紧张,重视这个过程

2. 从杨利伟处理这些意外的举动来看，我们归纳出杨利伟身上有哪些精神品质？

让学生通过讨论的形式，同桌两人互相交流，按照上面的句式和格式，说说自己的答案。然后再请同学作代表交流。

3. 思考杨利伟叙述中体现了中国航天人的哪些优秀品质？

可以更深层次地细致理解文本内容，这样也有利于老师追问学生的进一步思考，从而让学生熟悉文本，从文本中解读人物的精神和品质。同时，为接下来的环节做好准备，并让学生有话可说。

▲ **活动设计四：为杨利伟写一组颁奖词**

通过学习，你现在明白杨利伟为什么被称为"航天英雄"了吗？杨利伟入选2003年度感动中国人物，请你为他撰写颁奖词。

学生对人物的精神品质以及对祖国航天事业的热情情绪已经高涨，这样适时让学生把自己的情感表达出来，让学生对所学的知识有所输出。同时，培养学生的表达能力，然后让同学们互相评价，交流合作，共同进步，在评价的过程中认识自己的问题，提高表达能力，在这个过程中不断修改、不断进步，提升写作能力。然后，再把感动中国人物的颁奖词呈现给大家。通过对比，让大家对自己的写作有更深刻的认识，可以更好地继续修改。

（三）课堂小结

本文指导学生浏览课文，快速了解文章主要内容，把握本文的结构特点。在字句品读中，引导学生体会杨利伟严谨、科学的态度以及对祖国深深地热爱。

（四）布置作业

必做题：

1. 结合课文以及所学知识，修改你的颁奖词。

2. "对航天员的基本要求是严谨"，请在文中找一些体现航天员严谨、科学态度的例子。

选做题：

1. 文章用第一人称讲述此次太空旅行，这种写法好在哪里？

2. 搜集资料，了解其他航天员的英雄事迹。

24　带上她的眼睛

刘慈欣

一、教学目标与学习要素

(一) 教学目标

1. 浏览课文,把握故事内容,理清整篇小说的脉络。
2. 理解明暗双线并行的小说叙事线索,感受文本中善用悬念、巧设伏笔的巧妙构思。
3. 感受小说中主要人物的形象特征,理解蕴含在科幻小说中的人文情怀。

(二) 学习要素

1. 发现小说悬念的设置、蓄势与真相的强烈反差形成的对比效果。
2. 分析小说的叙述顺序对于塑造人物形象的作用。

二、教学建议

本篇文章是一篇具有故事悬念的科幻小说,一直到小说的后半部分,悬念才逐渐揭开:我发现了姑娘的真实身份。小说后半部分残酷的自然环境和渺小无助的个人形成巨大的反差,反而突显了人性的光辉与温情。所以,本课应注重品味小说悬念设置与情节突转而产生的艺术效果。在主旨的探寻中可以加强课文中科幻与探险精神一致性的理解,感受小说主人公探索的悲壮气氛和献身精神。

三、教学过程

(一) 导入

假使一位同学很想听你给他说说刘欣慈的《带上她的眼睛》的主要故事情节,你将如何向他讲述?

(二) 活动设计

▲ **活动设计一:将小说的情节放到时间轴上**

本文以我去度假开头,当中插叙了"落日六号"的一些故事,请按时间顺序,理出本文故事。

"落日六号"误入地核
↓
"落日六号"坚持工作一年
↓
"落日六号"两位地航员去世,仅剩她一人
↓
我去度假,带上她的眼睛
↓
我和她欣赏草原美景
↓
我回到灰色生活和忙碌工作之中
↓
我突然醒悟
↓
她将在地心飞船度过余生

时间顺序 ↓

▲ 活动设计二:将以上按时间排列的小说情节根据小说叙述顺序排列,思考小说这样叙述的妙处

我去度假,带上她的眼睛
↓
我和她欣赏草原美景
↓
我回到灰色生活和忙碌工作之中
↓
我突然醒悟
↓
"落日六号"误入地核
↓
"落日六号"坚持工作一年
↓
"落日六号"两位地航员去世,仅剩她一人

叙述顺序 ↓

↓
她将在地心飞船度过余生

▲ **活动设计三：文中多处埋下伏笔，最后的谜底出人意料，寻找其中的伏笔**

明确：

反常制造悬念："我要去度假，主任让我再带一双眼睛去"，开头就设下悬念，为什么能带眼睛？她是谁呢？直到"落日六号"失事的插叙，才明白"她"的身份，豁然开朗。"我问她想去哪里。这个决定对她似乎很艰难，她的双手在太空服的手套里，握在胸前，双眼半闭着，似乎认为地球在我们这次短暂的旅行后就要爆炸了。"行为反常，设置悬念。

语言照应真相："热，热得像……地狱。""她面前有一支失重的铅笔飘在空中。""除了太空，还有一个地方会失重！！""飞船被裹在 6 000 多公里厚的物质中"，"周围是温度高达 5 000 摄氏度，压力可以把碳在一秒钟内变成金刚石的液态铁镍！"

小结：作者用简朴的语言，轻易地操控着读者的阅读体验。通过大量的伏笔与照应，使情节的发展既在意料之外，又在情理之中。当谜团揭开后，人们会在恍然大悟之余，陷入深深的回味与反思。

▲ **活动设计四：编排课本剧，表现人物形象**

1. 创：确定课本剧主要情节。
（1）整理"明线"故事。
（2）讲述"暗线"故事。

2. 编：编排课本剧。

把小说的故事改编为明暗线同时进行的课本剧，学生们根据不同的叙述方式感受、理解明暗双线并行的小说叙事线索，学会如何安排明暗线交织的课本剧。

3. 排：学生根据小说情节的变化和对人物形象的理解进行排练，排练过程中注重语言的表现。

4. 演：在班级或者年级表演课本剧，并且邀请老师和同学根据小说进行品析。

▲ **活动设计五：对比探究发现科幻小说的特点**

同学们，我们将本文和科学探险纪实性作品《伟大的悲剧》进行对比阅读，说一说科学幻想小说有什么特点呢？

明确：

1. 科学探险纪实性作品，必须保证探险事实的客观与科学，人物、时间、地点、事件起始、发展、经过、结果，都应是真实的。而作为科学幻想小说，则必须进行大胆的虚构，以唤起富有浪漫主义情怀的人们，在科学领域里无拘无束地去异想天开。虽然科幻小说需要丰富的想象，但是在故事情节乃至于细节方面，仍然应该符合一般人的思维习惯和生活真实。

2. 科学探险纪实性作品语言表述科学、严谨、精准，科学幻想小说在很多地方是根据科学常识进行的联想与想象类型的虚构。

（三）课堂小结

通过本节课，我们把握了小说中主要人物的形象，感受到了为科学献身的人文情怀，同时也通过两篇课文的比较，把握科幻小说具有丰富想象和依据科学常识推进小说情节的特点。

（四）布置作业

1. 试着以她的口吻介绍我的草原游的游踪和"落日六号"的运行过程。
2. 完善课本剧，注意所写的对话以及描述要符合人物的性格特点。

25　活板

沈　括

一、教学目标与学习要素

(一) 教学目标

1. 把握文言实词，疏通文章大意。
2. 从课文情节出发，引导学生独立思考，质疑问难。

(二) 学习要素

1. 划分句子停顿，积累文言常用字、词性活用、特殊句式。
2. 学习对比手法，提炼作者观点。

二、文本解读

(一) 课文整体解析

这是一篇有史料价值的文字，介绍了我国活字印刷术的产生发展、制作过程、印制效果及其特点。作者用独特的视角为我们记录了毕昇这样布衣出身的能工巧匠，虽然直接描写毕昇的语句寥寥数笔，但却从清晰的说明语言之中让读者感受到发明家的智慧，也表达了作者对毕昇的崇敬之情。

全文抓住活字印刷的特点，清晰流畅地说明工艺程序，让读者一目了然，能系统完整地了解活字印刷。本文在说明时主要按照工艺顺序进行说明，通过各种比较，突出了活字印刷的好处。全文着重说明活字印刷制字、排版、印刷三个过程，语言平实，不用修饰性词语，用词准确，通俗易懂，行文简洁，展现了我国悠久灿烂的文化。

(二) 重点语段细读

毕死，其印为余群从所得，至今宝藏。

这段文字交代了活字印刷发明人毕昇去世之后，其印被收藏的情况。看似简单，但如果细读可发现，"宝藏"一词突显了毕昇发明的重要性及其珍贵的文化价值，更显示了作者对毕昇的情感态度，不单单是把他当作一个普通匠人来看待，而是在前文着力表现其"巧"的基础上，在文末重点表现了对他作为发明人的崇敬之情,让我们感受到了作者独到的眼光。

三、教学过程

第一课时

(一) 课时目标

1. 把握文言词汇,疏通文章大意。
2. 梳理活字印刷的工艺流程。

(二) 导入

作者沈括是我国古代著名科学家,英国李约瑟誉之为"中国整部科学史上最卓越的人物"。他出身于封建官僚家庭,幼时嗜好医学,33岁中进士,支持王安石变法,47岁拜翰林学士,55岁时退居江苏润州(今镇江市)附近,建梦溪园,写成《梦溪笔谈》一书。此书总结了中国古代,特别是宋代自然科学领域的光辉成就,记录和赞扬了当时劳动人民的创造,是我国和世界科技发展史上一部重要文献,被称为"中国科学史的里程碑"。

(三) 活动设计

▲ 活动设计一:语言投诉中心

1. "冒""药""具""宝藏"等古词投诉今词,不尊重历史,随意更改词意。
2. 今词答辩词意变化的原因。
3. 语言法官进行仲裁。

进入语言投诉中心的词语:

其上以松脂、蜡和纸灰之类冒之;

则第二板已具;

至今宝藏。

▲ 活动设计二:语言辨析中心

1. 辨析一词多义的词。

①"就"是什么意思?

持就火炀之;

瞬息可就。

② "为之""炀之""贴之""贮之""刻之"中的"之"分别指代相应的什么事物?

2. 辨析近义词。

文中"烧""炀""镕""燔"有何区别?

▲ 活动设计三:用简洁的语言梳理活字印刷的流程

根据文章内容,理清文章的说明顺序,给文章划分层次。

活字印刷 工艺流程	制字	1.＿＿＿ 2.＿＿＿ 3.＿＿＿ 4.＿＿＿
	排版	1.＿＿＿ 2.＿＿＿ 3.＿＿＿ 4.＿＿＿ 5.＿＿＿
	印刷	1.＿＿＿ 2.＿＿＿ 3.＿＿＿

(四) 课堂小结

通过本节课,我们重点关注了课文中古今异义词和一词多义的现象,掌握了《活板》中的主要实词的含义,随后辨析了"烧""炀""镕""燔"四个词的差别,大致了解活字印刷的步骤,在此基础上梳理了活字印刷的工艺流程,掌握了文章的基本含义。

(五) 布置作业

根据文章内容,用思维导图画出活字印刷的流程。

••• 第二课时 •••

(一) 课时目标

1. 体会文章的结构形式,理解说明文语言的简明、生动,掌握说明文的写作方法。

2. 通过语言文字体会毕昇的活字印刷术的优点,感受作者对古代劳动人民聪明才智的崇敬之情。

(二) 导入

第一课时中,我们掌握了《活板》中的主要实词的含义,在此基础上梳理了活字印刷的工艺流程,掌握了文章的基本含义。这节课,我们将进一步深入学习。

(三) 活动设计

▲ **活动设计一：快问快答——活字印刷知多少**

1. 活字印刷发明人是谁？
2. 活字印刷记录人是谁？
3. 活字印刷流程是什么样的？

▲ **活动设计二：设计活字印刷体验活动**

1. 确定活字印刷体验活动所需要的物品。
2. 文字介绍主要人物。
3. 培训讲解员——讲清活字印刷流程。

▲ **活动设计三：活字印刷技术发布会**

一人扮演沈括，同时作为主持人；一人扮演毕昇，详细解说；其他学生扮演观众，进行提问。

环节一：沈括回顾印刷发展史。

环节二：毕昇宣传活字印刷的好处。

① 与雕版印刷相比更加灵活快速；

② 不用木做印的好处。

环节三：观众提问，并阐述活字印刷需要改进之处。

学生自由发挥，针对活字印刷术不足之处进行阐述，并提问。

环节四：沈括总结，表达内心情感。

明确：通过发布会体会毕昇的活字印刷术的优点，感受作者对毕昇聪明才智的崇敬之情。

(四) 课堂小结

本文介绍宋代发明家毕昇的活板印刷术，表现了我国古代发达的科技成就和劳动人民高度的聪明才智以及精益求精的工匠精神，引起了作者的赞叹，也让后人为之惊叹。

(五) 布置作业

1. 为同学们的活字印刷体验活动写一段解说词。
2. 结合课文内容和上课所得为活字印刷术设计一幅广告海报。

写作 语言简明

一、教学目标与学习要素

(一) 教学目标

1. 明确语言简明的基本要求,在比较阅读中,理解语言简明的内涵。
2. 从阅读和写作中提取经验,把握使语言简明的方法和技巧。
3. 修改习作,使其更加简明,培养良好的写作习惯。

(二) 学习要素

掌握语言简明的方法,修改习作。

二、教学建议

新鲜的写作素材、丰盛的思想感情和独到的构思固然是一篇好文章的标志,但这一切都离不开语言这一载体。如果语言表达不确凿、不精练,会极大地影响文章的表达效果。所以,要达到语言的简明,可以尝试以下的方法:

删繁就简。刘勰《文心雕龙》讲到:"句有可削,足见其疏;字不得减,乃知其密。"鲁迅先生说过:"写完后至少看两遍,竭力将可有可无的字、句、段删去,毫不可惜。"把句内明明多余或可有可无的字词删去,抓主要内容,避免用词重复、啰唆。

去次留主。围绕文章中心,突出事物重点。

精练词语。列夫·托尔斯泰说:"语言艺术家的技巧就在于寻找唯一需要的词的唯一需要的位置。"要想使词语精练,还要在用词上进行推敲,尤其是动词、形容词,用词要确凿。

引用典故。诗词典故、名言警句是语言中的精华,它们有的语言凝练含蓄,有的音韵调和,有的饱含哲理。在作文中根据主题需要精巧地引用、化用这些诗词警句,不仅能使文辞精练,而且可增强语言表达力。

详略得当。整篇文章在材料处理上做到详略得当,能突出中心的详写,与中心关系不大的略写,与中心无关的不写,这样也会使文章语言精练。

文章应写得含蓄有味,给读者留有思索的余地。"简短是天才的姐妹。"让我们谨记契诃夫的这一名言,精心锤炼文句,千方百计地在语言简练上下苦功,像酿造醇朴的美酒那样不掺水分,让人一饮,满口香醇,良晌有回味。

三、教学过程

(一) 导入

写作时,老师经常要求大家在作文时语言简明,那什么是语言简明呢?简,即简要、简洁;明,即明白、清楚。其本质要求是用最经济的语言材料传送最大的信息量,达到最高的准确性和可理解性,取得最佳的表达效果。今天,我们就进行这方面的写作训练。

(二) 活动设计

▲ **活动设计一：比一比,谁的文字更简明**

下面这段话不够简明,请加以修改。

篮球比赛结束后,比赛完的队友们一个个都坐上大巴走了。大巴是学校的车,学校有好几辆大巴和小轿车。我没有上车,而是一个人默默地走回家。我在回家的途中,紧锁着眉头,无奈地叹息,我心里很难受,不禁为比赛的失利感到难过。那个余晖满天的黄昏,我一个人站在家门口,独自伫立在暮色之中。

修改提示：

1. 抓住叙事的主题,去掉偏离中心的语句。
2. 删掉语义重复的词语,使表达更加简明。

学生进行修改比赛,在不影响句意的基础上,比较谁的叙述描写更简明。

修改示例：

篮球比赛结束后,队友们一个个都坐上学校的大巴走了。我没有上车,一个人默默地走回家。我心里很难受,无奈地叹息,独自伫立在暮色之中……

▲ **活动设计二：赛一赛,谁的概括更简练**

用简明的语言概括《带上她的眼睛》或《活板》的主要内容,不超过150字,写完后小组内交流。

写作提示：

1. 概括主要内容,要在立足原文的基础上,把握中心和要点,删减旁枝末节的部分。

2. 概括的文字既要简明,也要保持连续通畅,避免因过度追求简明而造成字面意思跳跃的情况。

▲ **活动设计三:画一画,谁的脑洞更开阔**

学生收集航天、生物、计算机、新能源等的相关资料,加深对这种科学技术的理解。在此基础上,展开想象,画一幅思维导图,构思一篇想象类作文的主要情节。

▲ **活动设计四:交流自己的思维导图,点评同学的创意想法**

点评依据:

1. 可以想象科学技术在未来的发展情况,及其对社会生活的影响。这种影响可能是有益的,也可能带来潜在的威胁和灾难。

2. 要有一定的故事情节。如果能像《带上她的眼睛》那样,设置一些悬念和伏笔,那就更好了。

(三)课堂小结

学生在活动中理解了语言简明的内涵,并在阅读中学习经验,在习作中把握使语言简明的方法技巧,最后通过修改习作,使语言文字更加简明,让学生在学习中培养良好的写作习惯。

(四)布置作业

在课堂交流基础上,展开想象,写一篇有科幻色彩的作文。不少于500字。

名著导读 《海底两万里》快速阅读

一、教学目标与学习要素

(一) 教学目标

1. 通过快速阅读,学生知晓故事情节,提高阅读速度。
2. 梳理小说主要情节,提取书中关键信息。
3. 理清人物关系,分析主要人物形象特征。

(二) 学习要素

1. 借助图画梳理小说主要情节。
2. 结合小说分析四种人物描写方法,把握主要人物的形象特征。

二、教学建议

这部小说情节跌宕起伏,扣人心弦,非常适合进行快速阅读的训练,所以建议学生先快速阅读这部小说,也可以利用本小说进行阅读速度的估算。与此同时,善于抓住书中信息的主要线索,也是快速阅读的前提。

三、教学过程

(一) 导入

儒勒·凡尔纳是19世纪法国著名的科幻小说和冒险小说作家,被誉为"现代科学幻想小说之父"。《海底两万里》是凡尔纳"海洋三部曲"的第二部,主要讲述了法国生物学家阿龙纳斯和仆人康塞尔、捕鲸手尼德·兰在一次海洋追捕中,意外地登上了尼摩船长建造的"诺第留斯号",从而开始了充满传奇色彩的周游海底的故事。

(二) 活动设计

▲ **活动设计一**:结合图片介绍"诺第留斯号"构造

小说之中的"诺第留斯号"是什么样子呢?请你根据小说的相关章节去网上查阅资料,寻找"诺第留斯号"潜艇的简易图,标明各个部位的名称与功能,并进行简单介绍。根据小说的具体章节,与同学们分享"诺第留斯号"的构造,在交流之中相互补充与完善。

▲ **活动设计二：标明"诺第留斯号"的航海线路图**

绘制一份简单的"诺第留斯号"的航海线路图，在这个简明航海图的基础上，标明潜艇航行的时间、地点。与同学们分享"诺第留斯号"航海线路图，在交流之中相互补充与完善。

提示：(第一部分)从日本附近出发→克雷斯波岛(海底森林打猎)→继续航行，在太平洋下看到一只沉船→万尼科罗群岛(揭开法国著名船只失踪的秘密)→托列斯海峡(最危险，中途触礁搁浅，我们在陆地上两天，尼摩船长用"电"吓跑土著人)→中途强迫我们睡眠→珊瑚王国。

(第二部分)印度洋→孟加拉湾(基灵岛)→锡兰岛(采珠场)→红海→阿拉伯海底地道→希腊群岛→地中海→维哥湾(西班牙西北)→亚特兰蒂斯→海底煤坑→萨尔加斯海(马尾藻海)→南大西洋海域(保护长须鲸，冲杀抹香鲸)→南极圈(冲撞冰盖)→登上南极大陆→合恩角→亚马孙河→留卡斯群岛(遇到一群大章鱼)→(47°N,17°W)凭吊"复仇者"号→大屠杀→挪威海岸(罗佛丹群岛)。

▲ **活动设计三：描述小说人物(梳理相关情节，分析人物形象)**

明确：

人物	故事情节	性格特征
阿龙纳斯	① 将海洋生物进行翔实分类 ② 讲述在海洋中见到的种种奇观	博古通今，对海洋生物了如指掌；乐观向上，有为科学献身的精神
尼摩船长	① 藏书一万两千册的图书馆，制造奇妙潜水艇 ② 勇斗鲨鱼救采珠人 ③ 和章鱼血战 ④ 将金银财宝全送给贫弱的国家 ⑤ 击退土著人围攻 ⑥ 摆脱南极冰山之困 ⑦ 隐藏在海底生活，不愿意踏上土地	性格古怪，性情忧郁，知识渊博，遇事头脑冷静，沉着而又机智，是一个在反抗殖民主义斗争烈火中成长起来的民族志士
康塞尔	① 与主人一起等待救援 ② 把仅剩的一点儿氧气留给主人	生性沉稳，为人随和；热情善良、忠诚；精通分类理论，认真严谨
尼德·兰	与鲨鱼搏击	野性十足，性情火暴，热爱自由
法拉古	"林肯号"舰长	时间观念强，冷静，航海知识丰富

（三）课堂小结

本课通过绘画了解了"诺第留斯号"的基本构造，提升了阅读兴趣，又通过标注线路图梳理了小说的故事基本情节，最后，通过人物梳理帮助学生总结出了文中主要人物的形象。

（四）布置作业

1. 分享《海底两万里》三个活动设计，在交流之中相互补充、完善与修改。

2. 根据课文之中"读书方法指导"，训练自己快速阅读的能力；通过阅读《海底两万里》的某一章测试自己的阅读速度，记录好自己阅读速度的变化。

单元练习

阅读《太空一日》中第 30—39 段,回答以下问题:

1. 给选文拟一个新的小标题。

2. 选文写了哪些突发的事件?作者当时的心情和反应是怎样的?

3. "神州"系列飞船的航天员是如何积累航天经验的?

4. 从选文中发现了作者的哪些品质?结合文章内容进行分析。

5. 结合本文内容和"感动中国"节目给杨利伟的颁奖词,为中国航天人写一段颁奖词。

解 析

1. 检测点:此题主要考察选段主体事件的归纳,检测学生的概括能力,比较适合围绕敲击声进行归纳。

参考答案:考察神秘的敲击声或突发事件。

2. 检测点:文中杨利伟先产生错觉,完全靠意志克服这种错觉;再听到敲击声,但鉴于飞船的运行一直很正常,他并没有向地面报告这一情况。可以通过相关语句分析出他的心理活动,紧张中带着镇定。本题前半部分旨在考察内容概括,后半部分侧重于结合语句分析心理。

参考答案:"本末倒置"的错觉和敲击声。产生错觉时:完全靠意志克服这种错觉,想象自己在地面训练的情景,眼睛闭着猛想,不停地想,以给身体一个适应过程。几十分钟后,终于调整过来。听到敲击声时:鉴于飞船的运行一直很正常,并没有向地面报告这一情况。但自己还是很紧张……却未能发现什么。

3. 检测点:本题旨在选段中提取重要信息,先汇报或记录情况,再进行改进,技术人员反复试验,探索原因,还可以通过言传身教,让宇航员事先做好准备。

参考答案:①汇报情况和记录,便于对后来的飞船进行改进;②技术人员一丝不苟,反复试验,探索出现响声的原因,但未找到原因;③言传身教,让航天员做好心理准备,不再害怕。

4. 检测点:本题旨在提炼杨利伟的人物形象,注意在表述人物形象时要努力从多角度发现人物的形象,并能够结合相关的重点语句来表述,要努力避免简单重复。

参考答案:发现了作者顽强的毅力、认真求实的科学精神、严谨的科学态度和大公无私的高贵品质,并结合相关语句进行分析。

5. 检测点:本题注重对中国航天人的整体形象进行提炼和描述,也渗透对全文写作意图的理解,所以应结合课文中中国航天人的品质与精神来回答,可以借鉴参考答案中给杨利伟的颁奖词,但也要注重对中国航天人的整体描述。

参考答案:给杨利伟的颁奖词:那一刻当我们仰望星空,或许会感觉到他注视地球的目光。他承载着中华民族飞天的梦想,他象征着中国走向太空的成功。作为中华飞天第一人,作为中国航天人的杰出代表,他的名字注定要被历史铭记。成就这光彩人生的,是他训练中坚韧执着、飞天时的从容镇定、成功后的理智平和。而这也是几代中国航天人的精神,这精神开启了中国人的太空时代,还将成就我们民族更多更美好的梦想。

——"感动中国2003"颁奖词

学习任务群设计

跨学科学习:多学科碰撞出"大航海+故事"
——《海底两万里》学习任务群设计

一、教学目标

1. 通读浏览,画出"诺第留斯号"的海底行动地图。
2. 研读辨析,分析海洋人尼摩艇长的形象特征。
3. 联系背景,推断作者的写作缘由与写作意图。

二、学习任务群设计框架

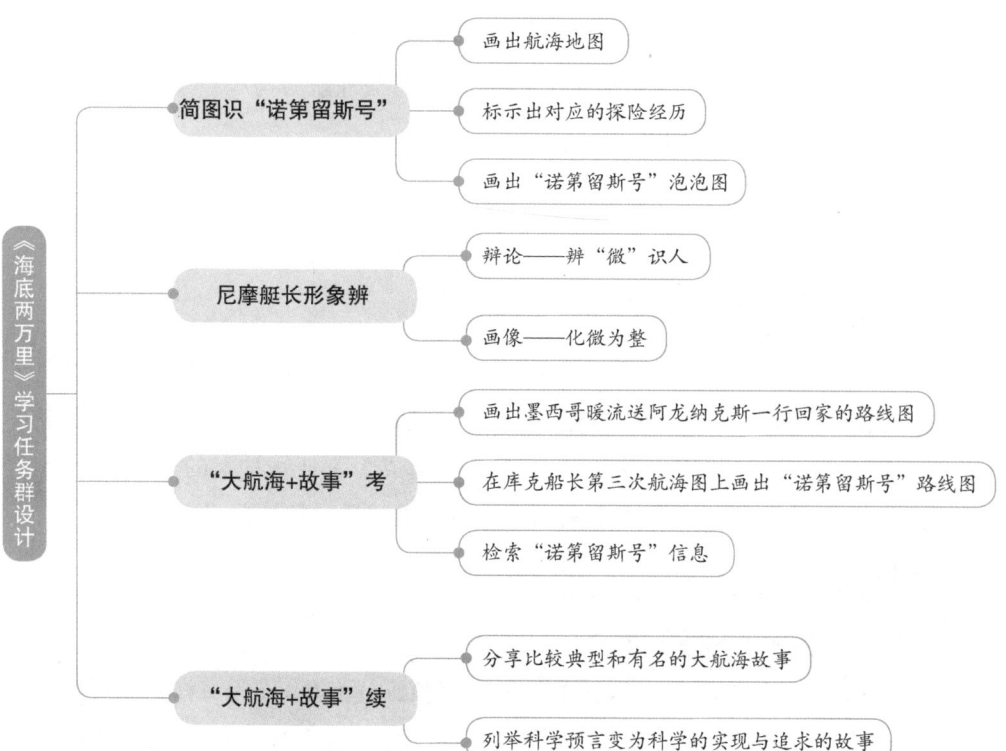

三、学习任务群设计说明

七年级同学读《海底两万里》这部科幻巨著,最大的障碍在于叙事主线之外的各类科普性内容。无限丰富的海洋学、生物学、地理学、物理学和气象学知识,可能只会激发少部分学生对海洋与科学的热爱之情。大多数同学可先从感兴趣的情节、环境和人物入手,抓大放小、抓主舍次,再精读批注,联系背景思考,发现科幻巨著的独特魅力。

凡尔纳深谙19世纪的科技发展,又善于将故事写得引人入胜,为读者奉献了一道别开生面的科幻大餐。凡尔纳运用想象力和科学知识构建起了一个自给自足的海底小世界,让后世的科学家、发明家们非常向往。他又是一位具有很高科学素养的预言家,辩证地看待科学。凡尔纳还用自己老道的写作手法,一方面巧设故事情节,使故事跌宕起伏、悬念丛生;另一方面用心刻画人物,提升科幻小说的文学价值。《海底两万里》的文学价值首先表现在小说对人物的塑造上。

为此,本任务群借助地理、美术、物理等学科,通过"简图识'诺第留斯号'、尼摩艇长形象辨、'大航海+故事'考、'大航海+故事'续"四个学习任务,引领学生跟随书中博物学家阿龙纳克斯的眼光,环游海底奇观,探秘尼摩艇长身份与身世之谜;联系当时背景知识,深层推断作者写作意图;梳理航海与科技发展的有关简史,进一步领会科幻小说的魅力。

四、教学过程

(一)导入

凡尔纳很受读者欢迎,被称为"现代科幻小说之父"。不过,有件事却成为他的终身遗憾:没有选上法兰西院士。凡尔纳虽然没有成为官方所定义的"不朽者",但继承他衣钵的科幻小说家们,或多或少地成为了他精神上的子女。今天,我们学习凡尔纳的《海底两万里》,看看我们可以汲取哪些精神营养?

(二)学习任务与学习活动设计

任务一:简图识"诺第留斯号"

"诺第留斯号"神秘又尖端,让主人尼摩艇长纵横海底,成为海洋的精灵。请依托地理学科,画出"诺第留斯号"航海地图、标示出"诺第留斯号"对应的探险经历;依托美术学科,画出"诺第留斯号"泡泡图。通过以上3个活动,希望同学们在整体感知本书内容的基础上,进一步了解"诺第留斯号"构造所体现的科学性与艺术性。

▲ **活动设计1：画出航海地图**

运用通览跳读方法,先看前言,再浏览目录,说说自己从目录中知道了故事中有哪些人物、航行经过的海域有哪些。对照目录中的航海地点,以"一目十行"的扫读方式快速阅读,跳过书中那些多样的海底生物、繁杂的地理名词、专业的器械名称,重点摄取全书大致内容,画出海底航行地图,同时用箭头线在地图图示上标示出来,对海底航行获得直观的空间感。

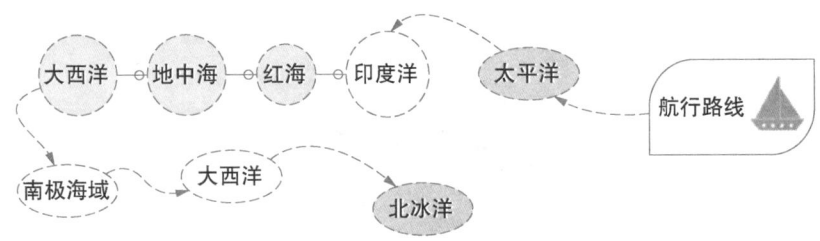

地理学科：请同学们依据海底航行地图,快速在世界地形示意图上标出"诺第留斯号"的航海地图,以便直观清晰地了解"诺第留斯号"行踪。

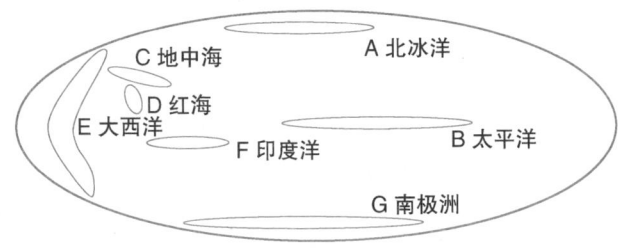

▲ **活动设计2：标示出对应的探险经历**

阅读时,对照航行地图,以行踪变化为线索,梳理人物情节、不同海域中见到的奇观、遭遇的危险、经历的事情等。例如:跳读作品上卷第3章、第5—6章,以及下卷第22—23章,结合地理学科的有关知识,参照双半球水陆分布平面地图,梳理出海底两万里的探险经历。

地理学科：梳理"诺第留斯号"10个月海底航行经历。

11.7　日本海南边→11.17　克里斯波岛(海底打猎)→11.27　夏威夷群

岛→12.4　马克萨斯群岛→12.11　土阿莫土群岛→12.25　努瓦阿图→1.1　巴布亚新几内亚→1.4　托雷斯海峡→1.13　帝汶海→1.18　珊瑚墓地→1.28　锡兰岛(采珠)　2.7　红海——(阿拉伯海底地道)——地中海→2.14　希腊群岛→2.18　直布罗陀海峡(亚特兰蒂斯)→马尾藻海(潜至16 000米深)→3.15　德雷克海峡→3.19　南极(水下被困)→3.31　回到合恩角→4.20　巴哈马群岛(战章鱼)→5.18　长岛→6.1　复仇号墓地(第二次交战)→大漩涡。海底航行经历如下图所示：

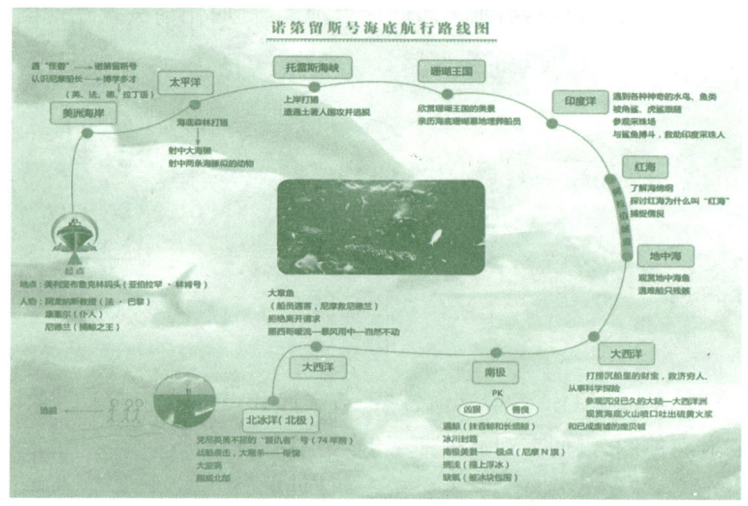

▲ **活动设计3：画出"诺第留斯号"泡泡图**

圈画出第一部分第七章至第十四章中体现"诺第留斯号"介绍的语段，从科学原理、内部构造、动力、功能等角度，绘制一份"诺第留斯号"构造泡泡图，向身边的小伙伴们介绍"诺第留斯号"。

美术学科：泡泡图能表达"诺第留斯号"各个功能空间的大小、功能之间的相互关系(动静分区、特殊功能分区)，更重要的是它能反映功能之间如何互动、如何串接。以下是一张"诺第留斯号"简易泡泡图，同学们根据本书内容完善。

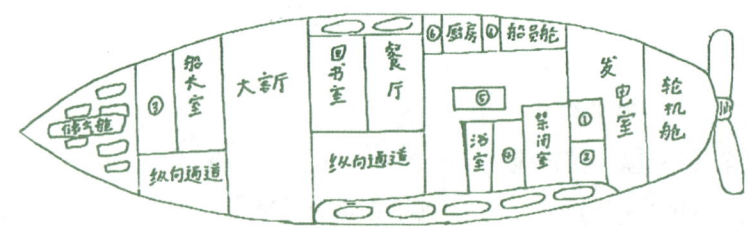

任务二：尼摩艇长形象辨

因为有"诺第留斯号"的加持，尼摩艇长成了自由的海洋人。但是，对于尼摩艇长的形象，读者也有不同的看法。请同学们通过"辩论——辨'微'识人、画像——化微为整"两个活动，较为全面客观地把握尼摩艇长的形象。

▲ **活动设计 1：辩论——辨"微"识人**

对尼摩艇长的评价，读者的意见大概可以分为三类：真心英雄、冷血复仇者、二者的折中。为了让大家对这个人物有更清晰的认识，请同学们圈画有关尼摩艇长的章节内容，抓住细节，展开辩论，发表见解。请同学们精读第一部分第十章、第十七章、第二十三章，第二部分第三章、第六章、第二十一章，从文本中找到相关信息，辩一辩你心中的尼摩艇长形象。

示例：

① 甲同学："我觉得尼摩艇长是一位真心英雄。"

一直什么也看不见，而突然之间，透过一小块清净的海水，我瞥见勇敢的艇长，他正紧紧抓住鲨鱼的一个鳍，和这个庞然大物进行着肉搏，一刀一刀往鲨鱼肚子上戳，但一直没能给它致命的一击，就是说，没能正好戳到鲨鱼的心脏。鲨鱼挣扎着，怒气冲冲地搅动着海水，搅起来的旋涡差点儿把我冲倒。

……

尤其是，尼摩艇长从衣兜里掏出一小袋珍珠放到他手里时，他会怎么想呢？海洋人的慷慨施舍，被那个锡兰穷印度人用一只颤抖的手接了过去。他那双惊恐的眼睛也分明在说，他不知道这些既救了他的命，又让他发了财的人，究竟是些什么样的超人。（第二部分第三章 《一颗价值千万的珍珠》）

从本章内容来看，尼摩艇长勇斗凶险的大鲨鱼，勇救穷苦的采珠人，差点被鲨鱼吞噬，可以看出，尼摩艇长遇险沉着冷静、勇气过人，具有献身精神。

尼摩艇长对不幸的、苦难的人们，怀有仁慈、恻隐之心，他帮助被压迫国家和人民反抗暴力、反抗强权。

② 乙同学："我觉得尼摩艇长是一个冷血的复仇者。"

水漫上来了，那些不幸的人飞身爬上支索，紧紧抱住桅杆，在水中挣扎。这些人就像进了海水的蚁穴里的蚂蚁。

那艘不幸的战舰此刻沉得更快了。上面满是受难者的桅楼沉了下去，接着沉下去的是甲板支架的横臂，上面挤满了人，横臂都被压弯了，最后沉下去的是主桅杆顶。然后,这黑糊糊的庞然大物消失,随同它一起消失的,还有被巨大旋涡卷走的战舰上全体人员的尸体……(第二部分第二十一章《大屠杀》)

在家仇国恨面前,尼摩艇长是一个怒不可遏的复仇者。

③ 丙同学:"我持折中态度。"

突然,我叫了一声。冲撞发生了,不过,相对来说比较轻微。

在房间尽头里面的壁板上,在他所崇敬的那些英雄的照片下面,我看到另一张照片,上面是个依然年轻的女人和两个孩子。尼摩艇长看了他们一会儿,向他们伸出两臂,双膝跪倒,泣不成声。(第二部分第二十一章《大屠杀》)

尼摩艇长在复仇中保持了一定的克制和冷静;他怀念妻儿,心中有最柔软的一面。

小结:同学们选取细节来支撑自己看法,从以上细节来看,每个人的看法都有道理,但是,我们又觉得,没有把尼摩艇长的形象完整地表达出来。接下来,我们化微为整,以思维导图形式来较全面地呈现尼摩艇长。

▲ 活动设计 2:画像——化微为整

通过对上面提到的有关尼摩艇长重点章节的研读,我们发现,尼摩艇长性格有多个性格侧面:

- 智慧与自信:对自然科学无限向往,制造了"诺第留斯号"。
- 冷峻、从容、刚强与克制:在探险与挑战之中,淡定从容,处变不惊。
- 具有丰厚的人文精神:有仁慈、恻隐之心。
- 胸怀追求独立自由和复仇的梦想:反抗压迫,反抗强权,有坚决的斗争精神。
- 柔情:对妻儿的怀念,对不幸罹难的下属的悲伤。

将以上内容进行整合,画出思维导图,我们就可以更直观地了解尼摩艇长其人。

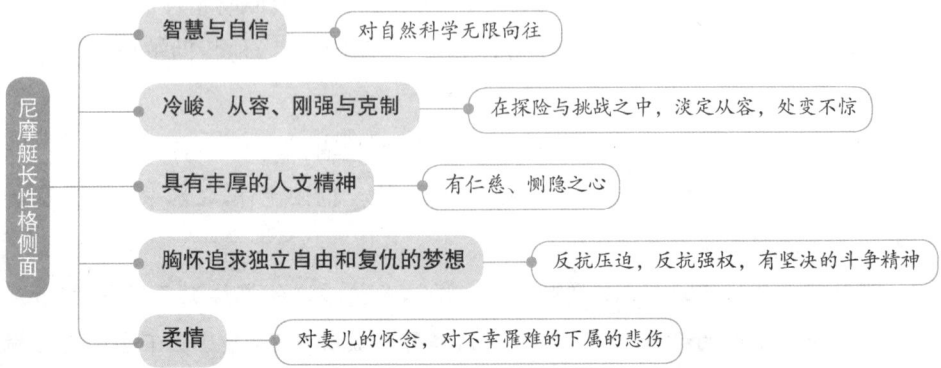

任务二：尼摩艇长形象辨

因为有"诺第留斯号"的加持，尼摩艇长成了自由的海洋人。但是，对于尼摩艇长的形象，读者也有不同的看法。请同学们通过"辩论——辨'微'识人、画像——化微为整"两个活动，较为全面客观地把握尼摩艇长的形象。

▲ **活动设计1：辩论——辨"微"识人**

对尼摩艇长的评价，读者的意见大概可以分为三类：真心英雄、冷血复仇者、二者的折中。为了让大家对这个人物有更清晰的认识，请同学们圈画有关尼摩艇长的章节内容，抓住细节，展开辩论，发表见解。请同学们精读第一部分第十章、第十七章、第二十三章，第二部分第三章、第六章、第二十一章，从文本中找到相关信息，辩一辩你心中的尼摩艇长形象。

示例：

① 甲同学："我觉得尼摩艇长是一位真心英雄。"

一直什么也看不见，而突然之间，透过一小块清净的海水，我瞥见勇敢的艇长，他正紧紧抓住鲨鱼的一个鳍，和这个庞然大物进行着肉搏，一刀一刀往鲨鱼肚子上戳，但一直没能给它致命的一击，就是说，没能正好戳到鲨鱼的心脏。鲨鱼挣扎着，怒气冲冲地搅动着海水，搅起来的旋涡差点儿把我冲倒。

……

尤其是，尼摩艇长从衣兜里掏出一小袋珍珠放到他手里时，他会怎么想呢？海洋人的慷慨施舍，被那个锡兰穷印度人用一只颤抖的手接了过去。他那双惊恐的眼睛也分明在说，他不知道这些既救了他的命，又让他发了财的人，究竟是些什么样的超人。(第二部分第三章《一颗价值千万的珍珠》)

从本章内容来看，尼摩艇长勇斗凶险的大鲨鱼，勇救穷苦的采珠人，差点被鲨鱼吞噬，可以看出，尼摩艇长遇险沉着冷静、勇气过人，具有献身精神。

尼摩艇长对不幸的、苦难的人们，怀有仁慈、恻隐之心，他帮助被压迫国家和人民反抗暴力、反抗强权。

② 乙同学："我觉得尼摩艇长是一个冷血的复仇者。"

水漫上来了，那些不幸的人飞身爬上支索，紧紧抱住桅杆，在水中挣扎。这些人就像进了海水的蚁穴里的蚂蚁。

那艘不幸的战舰此刻沉得更快了。上面满是受难者的桅楼沉了下去，接着沉下去的是甲板支架的横臂，上面挤满了人，横臂都被压弯了，最后沉下去的是主桅杆顶。然后,这黑糊糊的庞然大物消失,随同它一起消失的,还有被巨大旋涡卷走的战舰上全体人员的尸体……(第二部分第二十一章《大屠杀》)

在家仇国恨面前,尼摩艇长是一个怒不可遏的复仇者。

③ 丙同学:"我持折中态度。"

突然,我叫了一声。冲撞发生了,不过,相对来说比较轻微。

在房间尽头里面的壁板上,在他所崇敬的那些英雄的照片下面,我看到另一张照片,上面是个依然年轻的女人和两个孩子。尼摩艇长看了他们一会儿,向他们伸出两臂,双膝跪倒,泣不成声。(第二部分第二十一章《大屠杀》)

尼摩艇长在复仇中保持了一定的克制和冷静;他怀念妻儿,心中有最柔软的一面。

小结:同学们选取细节来支撑自己看法,从以上细节来看,每个人的看法都有道理,但是,我们又觉得,没有把尼摩艇长的形象完整地表达出来。接下来,我们化微为整,以思维导图形式来较全面地呈现尼摩艇长。

▲ **活动设计2:画像——化微为整**

通过对上面提到的有关尼摩艇长重点章节的研读,我们发现,尼摩艇长性格有多个性格侧面:

- 智慧与自信:对自然科学无限向往,制造了"诺第留斯号"。
- 冷峻、从容、刚强与克制:在探险与挑战之中,淡定从容,处变不惊。
- 具有丰厚的人文精神:有仁慈、恻隐之心。
- 胸怀追求独立自由和复仇的梦想:反抗压迫,反抗强权,有坚决的斗争精神。
- 柔情:对妻儿的怀念,对不幸罹难的下属的悲伤。

将以上内容进行整合,画出思维导图,我们就可以更直观地了解尼摩艇长其人。

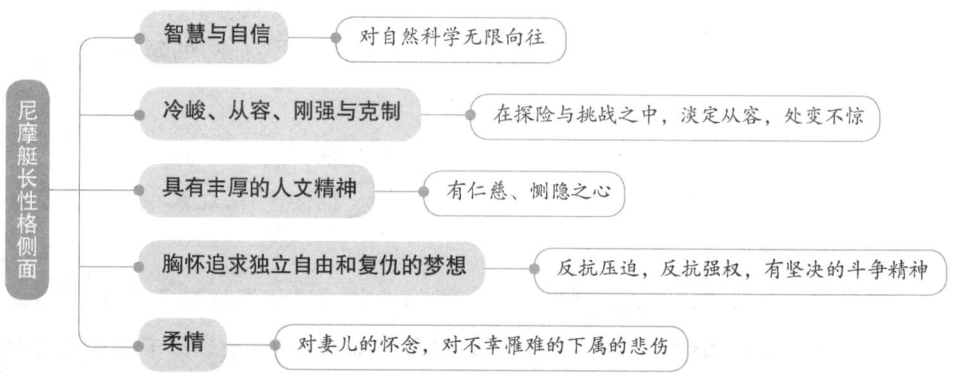

小结:凡尔纳倾注了大量心血来塑造尼摩艇长这个角色。他爱护手下,对仇人却冷酷无情;他声称憎恶人类,但也出手救了主人公和采珠人;妻女的照片一直挂在卧室墙头,念念不忘,但支持他活下去的动力却是仇恨。这种性格复杂的悲情人物很容易出彩,但也会因为内在矛盾而显得逻辑混乱。幸好凡尔纳用复仇英雄这个更大的角色设定,赋予了他行为和心理活动的合理性,塑造出了一个复杂而令人难忘的艇长形象。

任务三:"大航海+故事"考

凡尔纳并没有真正在海底航行过,但《海底两万里》于1870年一问世,便风靡世界。读者为什么喜欢看《海底两万里》? 作者为何要创作《海底两万里》? 本任务想通过三个活动,探究作者的写作缘由与写作动机。

▲ **活动设计1:画出墨西哥暖流送阿龙纳克斯一行回家的路线图**

地理学科:检索相关洋流分布背景信息。查阅世界洋流信息分布示意图,结合任务一中的"诺第留斯号"航行路线图,画出墨西哥暖流送阿龙纳克斯一行回家的路线图,并且联系文本,推导作者写作《海底两万里》的缘由与动机。

知识链接:所谓墨西哥湾暖流,人们通常简称湾流,也被称作是世界上规模最强大的暖流。沿着北美大陆东岸向东北流击,到北纬40°的时候进入丁风带开始折向东流,而且呈扇开伸展,称作北大西洋暖流。南赤道暖流因受巴西大陆之阻而分出的北支——圭亚那暖流,经墨西哥湾流出变为佛罗里达暖流,与北赤道暖流北上的安的列斯暖流汇合,组成强劲的湾流。该暖流因绕经炎热的墨西哥湾后而流出,所以规模非常大,水温极高……(《地理》高一第一册,中国地图出版社)

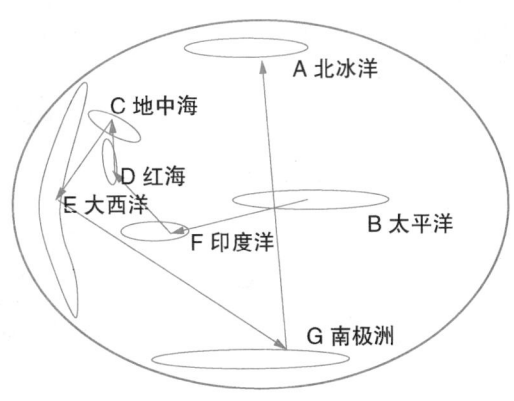

小结：由世界洋流的分布示意图来看，墨西哥暖流流向北冰洋，阿龙纳克斯一行在北冰洋脱离"诺第留斯号"回到陆地。由此看出，当时对于地理、地质、气候科学的发展，为"大航海＋故事"创作打下了科学基础。

▲ **活动设计 2：在库克船长第三次航海图上画出"诺第留斯号"路线图**

地理学科：查阅《库克船长日记》（商务印书馆 2013 年出版）一书中的库克船长第三次航海图，将"诺第留斯号"航海路线标注在库克航海图上，依据二者的航海路线图信息，联系文本，推导作者的写作缘由与动机。

小结：同学们将"诺第留斯号"路线图标注在库克航海图上后就可以看到，"诺第留斯号"航海路线图与库克船长第三次航海路线图基本重合，这也说明《海底两万里》是建立在当时大航海兴起的基础上，有较为成熟的航海技术做支撑。

▲ **活动设计 3：检索"诺第留斯号"信息**

物理学科：左图为实验性的"诺第留斯号"水面舰船，中间图片为《海底两万里》出版时的封面，右图为"诺第留斯号"核潜艇。依据三幅图片信息，进一步推导作者写作缘由与写作动机。

在凡尔纳出生以前，1800 年，罗伯特·富尔顿（Robert Fulton）也建造了一艘实验性"诺第留斯号"水面舰

《海底两万里》封面

1954 年，"诺第留斯号"核潜艇（英文：USS Nautilus，舷号：SSN571），诞生于美国，是世界上第一艘核潜艇，也是第一艘从水下穿越北极的潜艇

小结:19世纪是科学的世纪。当时的欧洲,有许多世界上科学技术最发达的国家,引领着近代科学技术发展的步伐。许多欧洲人对世界充满了好奇和挑战,渴望掌握更多关于自然世界的秘密。热力学、光学、电磁学、化学、生物学、地质学、天文学、人类学等取得了前所未有的突破和发展,因此蒸汽机、火车、飞机、无线电通信等现代科技工具应运而生,推动着世界第二次产业革命。小说中洋溢着他们对于现代科技的自豪。

科学的发展、航海的探索精神和对海底未知世界的向往,激发凡尔纳在"大航海+故事"上,创作了一部伟大的科幻小说。其中最显著的两点是:科幻的航海路线、超级无敌的潜水艇。

任务四:"大航海+故事"续

如果150年前的科幻到现在都还只是幻想,作品的价值或许便打了折扣。唯有相当的内容都变成了现实,才能展现出科技发展的速度与必然性,也才能彰显出作者知识的超前性,体现出作者的伟大与神奇。倘若作品中的一切都没有实现的可能,那也就不符合科幻小说的特征,而成为玄幻小说了。

▲ **活动设计1:分享比较典型和有名的大航海故事**

物理学科:科幻故事变成了现实传奇。如:1954年1月21日,第一艘以原子能为动力的潜水艇在美国康涅狄格电船公司的船坞下水,它的名字就是——"诺第留斯号"!今天的核潜艇,其性能装备已经远远超过《海底两万里》中的"诺第留斯号"。作品中的激光武器等,也都成为了现实。

潜水艇发明者之一西蒙·莱克在1897年建造了"亚尔古"潜艇。他在自传上的第一句话便是:"儒勒·凡尔纳是我一生事业的领路人。"飞越北极的海军上将伯德、气球及航海探险家奥古斯特·皮卡德、无线电发明者之一的马可尼,都异口同声地说:"凡尔纳是我的领路人。"法国的利奥台元帅甚至这样说:"现代科学只不过是将凡尔纳的预言付诸实践的过程而已!"可见科幻小说并非都是凭空虚构,许多幻想都来自凡尔纳对科技发展的研究和判断,并为后来者带来了创造灵感和智慧。儒勒·凡尔纳的科幻小说一方面富于幻想,引人入胜,另一方面,这些幻想中又含有科学的真实性。

▲ **活动设计2:列举科学预言变为科学的实现与追求的故事**

物理学科:参见如下示例。

《海底两万里》中的科学预言

类别		书中的幻想与预见	科学的实现与追求
"诺第留斯号"潜水艇	速度	长70米、宽8米的细长纺锤形潜艇,航行性能极好,最高航速可达50海里每小时	世界上第一艘"诺第留斯号"核动力潜水艇,在美国于1954年下水,长98.7米,流线型潜艇,平均航速为20节,最大航速23节。俄罗斯已经退役的P级巡航导弹核潜艇,最快速度达到了44节,离"诺第留斯号"50节的高速还有距离
	动力	船的驱动完全靠电力供给,而电力则是从海水中提取钠,将钠与汞混合,组成一种用来替代本生蓄电池中锌元素的合金,再转化成电后取得,储存在电池里。潜艇完全不需要陆地的补给,可以无限期地在海上航行	世界上第一艘核潜艇首开应用核动力之先河。核反应堆不需要空气助燃,可以使潜艇完全保持潜航状态,几乎无限制地在水下高速航行。核动力的潜艇可以在大海里巡航6个月甚至更久
	食物和氧气	"诺第留斯号"不用为食物而发愁。因为船员的食物来自海洋里的丰富鱼类和海藻,甚至通过相关技术改变鱼肉的口味,比如变成大家最爱的牛肉味	现代潜艇内部可以储藏大量的食物和空气,目前潜航时间世界纪录保持者是中国的潜艇,在海底待了整整90天,打破了美国87天的记录
	深度	"诺第留斯号"的极限深度是两万英尺,换算成米的话在6 100米左右	世界纪录保持者中国的蛟龙号下潜深度7 062米。在载人潜航的深度方面我们还达不到诺第留斯号的标准
电击枪		枪托子是用钢板做的,中空,很大,充当压缩气气仓,由一个用扳机操纵的阀门把压缩气送往金属的枪管里。子弹夹也在枪托子里,大约能装二十粒电子弹,由于弹簧的作用,子弹能够自动上膛,打出去一发以后,另一发就自动顶上来	该枪没有子弹,它是靠发射带电"飞镖"来制服目标的。枪里面有一个充满氮气的气压弹夹。扣动扳机后,弹夹中的高压氮气迅速释放,将枪膛中的两个电极发射出来,命中目标后,倒钩可以钩住犯罪嫌疑人的衣服,枪膛中的电池则通过绝缘铜线释放出高压,令罪犯浑身肌肉痉挛,缩成一团

续 表

类别	书中的幻想与预见	科学的实现与追求
海底隧道	面前出现一条又黑又深的长廊时,"诺第留斯号"果敢开进去。船的两侧传来不正常的声音,在通道狭窄的石壁上,我看到由于高速而摩擦出的点点火星、笔直的痕迹和火痕。不到20分钟,"诺第留斯号"通过了苏伊士地峡(苏伊士运河1869年修筑通航,是一条海平面的水道,在埃及贯通苏伊士地峡,沟通地中海与红海,提供从欧洲至印度洋和西太平洋附近土地的最近航线。海底并没有隧道)	世界上最早的海底隧道——日本关门海底隧道,建成于1942年,长6.3公里,比《海底两万里》里的苏伊士地峡晚了73年,也要短很多。中国港珠澳大桥海底隧道是目前世界上技术最难、精度最高的沉管隧道

(三) 任务群学习总结

《海底两万里》讲述了博物学家"我"随同尼摩艇长一同驾驶"诺第留斯号",10个月中穿越海底两万里,遍游太平洋、印度洋、红海、地中海、大西洋等地,经历了种种冒险,见识了各种奇观。

我们开展跨学科学习,了解到科学的发展、航海的探索精神和对海底未知世界的向往激发凡尔纳在"大航海+故事"上,创作了一部伟大的科幻小说。他运用想象力和科学知识构建起了一个自给自足的海底世界,让后世的科学家、发明家们非常向往。他又是一位具有很高科学素养的预言家,辩证地看待科学。他积极赞美和拥抱科技的进步,大体上相信人们可以利用科技的力量来征服自然。比如,可以挖通苏伊士运河,改变地球原先的结构;可以驱使电能为人类生活带来诸多便利。但同时,凡尔纳对科技的力量也并非一味地盲目推崇,他也会反思科技进步和环保之间的冲突,比如小说中提到人类毫无节制地捕捞海鲜,尼摩艇长也曾大肆开采海下煤矿。凡尔纳敏锐地捕捉到了人类社会的隐忧。

凡尔纳还用自己老道的写作手法,一方面巧设故事情节,使故事跌宕起伏、悬念丛生;另一方面用心刻画人物,提升科幻小说的文学价值。

(四) 任务群学习迁移

阿西莫夫的科幻小说《基地》(第一部)任务群学习:

任务一：将五个故事放在时间轴上。

任务二：帝国崩溃后，保存了文明种子的第一基地，利用其先进的科技，在心理史学（预测未来的数学学科）的指引下，逐渐繁荣昌盛。依托科学、道德与法治、心理等学科，用思维导图直观凸显"科技"、"宗教"、"经济"等软实力在帝国文明复兴进程中的重要性。

任务三：书中描绘了一个个传奇人物，请给"心理史学家"的重要代表谢顿画像。

文学阅读与创意表达：
体验奋斗历程·讴歌奋斗精神
——"奋斗"主题微电影拍摄与展播任务群设计

一、教学目标

1. 群文阅读，主动阅读奋斗故事，梳理并品读其内容。
2. 精研深究，通过点赞奋斗典型，分析各奋斗典型所具有的精神品质。
3. 落脚输出，树立自己的奋斗观，将奋斗精神渗透到日常生活中。

二、学习任务群设计框架

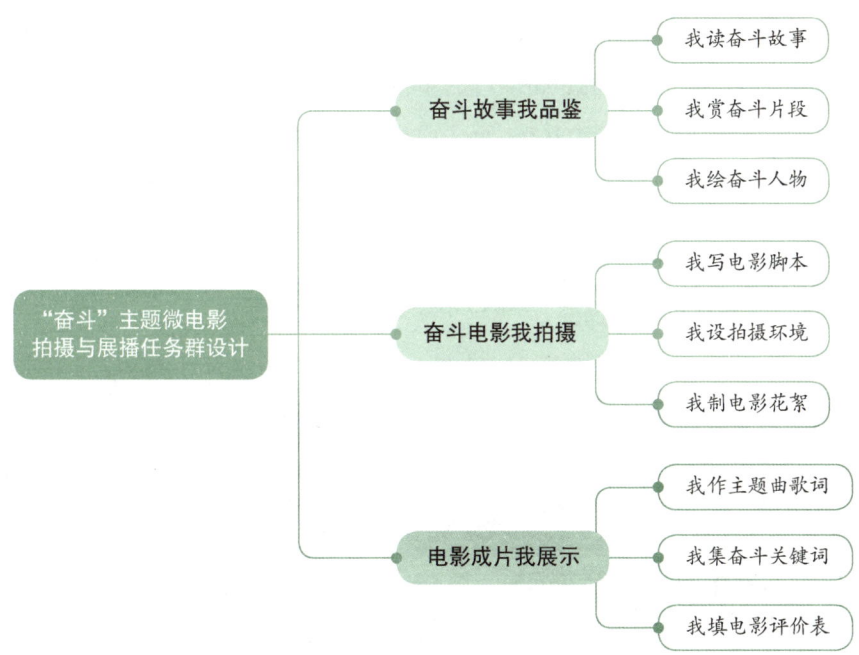

三、学习任务群设计说明

奋斗，可能是为了摆脱现有的状态，也可能是为了追求"诗和远方"，还可能是为了探寻更多可能性，但总的来说，奋斗是一种人生姿态，它为生活的另一种境界提供了新的思路,我们有必要对奋斗进行系统化学习,将奋斗精神融入骨血。

本学习任务围绕"体验奋斗历程·讴歌奋斗精神"主题,聚焦部编版五四制《语文》七年级下册课本中的相关课文,以拍摄与展播"奋斗"主题微电影的形式,达成文学阅读和创意表达的最终目的。因此设计了品鉴故事、拍摄电影、展示成片三类任务,三个任务从理论到实践,由学科知识到生活实际,关注学生学习素养的整体培养,从知识表征走向技能实操,以潜移默化的形式全方位深化学生对于"奋斗"及背后含义的理解与感悟。具体包括:"奋斗故事我品鉴"、"奋斗电影我拍摄"、"电影成片我展示"三组学习任务。

四、教学过程

(一) 导入

《致敬奋斗的人生》中有这样一句话:"时光轮替中,始终不变的是奋斗者的身姿;历史坐标上,始终清晰的是奋斗者的步伐。"作为中国的当代青年,享受着前辈们的努力成果,我们应当奋力接棒,奋斗前进。今天我们一起共话"奋斗",沐浴着榜样的光辉,汲取奋斗赋予人生的强劲动力。

(二) 学习任务与学习活动设计

任务一:奋斗故事我品鉴

通过完成"我读奋斗故事"、"我赏奋斗片段"和"我绘奋斗人物"三个学习活动,学生自行主动阅读《语文》七年级下册课本的感人至深的奋斗故事,以奋斗为切入点,概述故事、梳理线索并品享精神,在群文阅读中梳理关键信息,分析精彩片段,获得阅读的一般思维路径,同时提炼奋斗要义。

▲ **活动设计1:我读奋斗故事**

"奋斗"主题微电影拍摄与展播工作正式启动!需征集一些主题鲜明的奋斗故事作为素材。你发现七年级下册第一、六单元均可入选,那么你能否用精简明晰的语言来表述这些奋斗故事?

提示:

(1) 快速浏览课文,选择合适的方式如表格或时间轴来疏通文意。

(2) 在概述过程中应着力抓取奋斗精神及其体现,而非简单复述故事情节。

篇目	文体	要素	内容概括
		人物：	
		中心人物：	
		情节：	
		环境：	
		精神：	

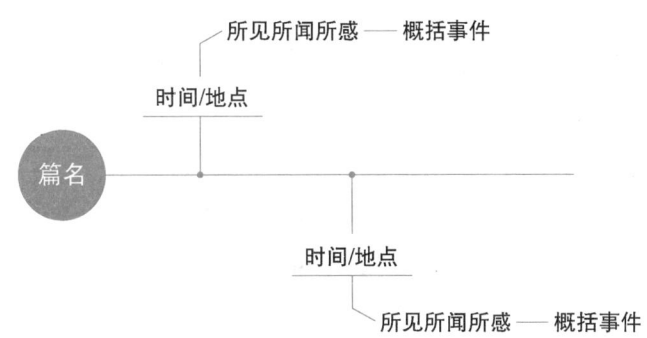

示例：

以《伟大的悲剧》为例：

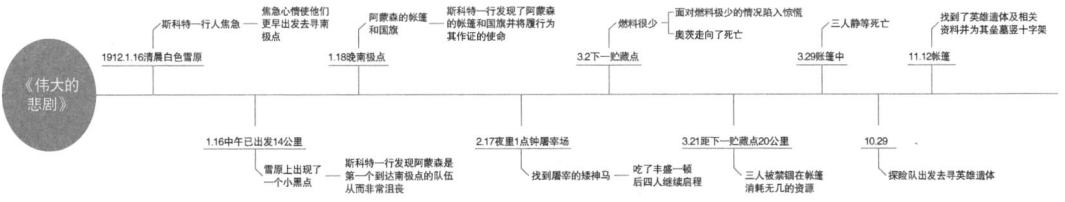

  1912年1月18日，斯科特一行继挪威人阿蒙森之后登上了南极极点。返回的途中，他们拖着赢弱的身子，蹒跚行进在皑皑白雪上，以顽强英勇的奋斗精神挺过70多天。当燃油与食物均已告罄时，他们被南极寒冷的暴风雪吞噬，长眠在茫茫冰雪中，演绎了一场人类探险史上的悲剧。

  ▲ **活动设计2：我赏奋斗片段**

  读完这些感人肺腑的奋斗故事，尤其是《说和做》中闻一多先生伏案做学术研究的片段，你能用以下句式说说本片段是如何体现闻一多先生的奋斗精神的？

句式：闻一多先生具有_____的奋斗精神，我从_____中可窥得。

提示：

提取相关事件——人物于何时何地为何做某事。

品读关键句子——解读其具体内容，分析其表达效果，感悟人物背后的奋斗精神。

抓取重点字词——以各字词缀连成连续动作，并想象画面，分析其用字用词的妙处。

示例：

- 提取相关事件：

闻一多先生不顾自我形象及周边环境，专心钻探古代典籍。

- 品读关键句子：

"闻先生也总是头发凌乱……零乱不堪，众物腾怨。"

未直言闻先生的专注，而是以外貌描写和环境描写描绘了闻先生杂乱的头发和零乱的书桌，衬托了闻先生专注研究学问的奋斗精神。

- 抓取重点字词：

本片段中出现了"贪"和"惜"两个字，"贪"即贪心、极度渴望，含贬义；"惜"即珍惜，也是极端渴望的表现，含褒义。这两个字出现在同一句话中，反差感强烈。闻先生"贪"的是精神食粮，"惜"的是光阴，正因为"贪"精神食粮，所以才更要"惜"光阴。两个迥异的字体现出闻先生治学如饥似渴、谋救国之路的爱国志士形象，体现出勇攀知识高峰、以国家利益为重的奋斗精神。

总结：闻一多先生具有专注治学的奋斗精神，从他无暇顾及自己的头发和书桌以及且"贪"和"惜"的反差中可窥得。

▲ **活动设计3：我绘奋斗人物**

每个奋斗英雄无疑都是奋斗概念的最佳注脚，他们将永远在历史的长河之中璀璨，现请你任选一奋斗英雄为其画像。

提示：

（1）画像前要对所画人物有所设计，使各部分的绘制都能展现人物性格品质。

人物	背景	色调	五官	服装	理由

(2)发挥想象力开始绘制。

示例：

人物	背景	色调	外貌	服装	理由
闻一多	涂抹几个色块	黑白	眼神深邃 鼻梁高挺 嘴角微微翘起， 嘴唇微张 头发凌乱	棉质长袍，久坐部位褶皱密集	黑白色调能凸显闻先生最后牺牲的悲壮感，在尊重其本来面貌的基础上让嘴唇微张是为了显示闻先生似乎随时就要慷慨淋漓地演说，而头发的凌乱和衣物的褶皱体现其无视外物和做学问的专注

任务二：奋斗电影我拍摄

通过"我写电影脚本"、"我设拍摄环境"和"我制电影花絮"三个学习活动，完成更聚焦的提炼表达任务，输出为"电影脚本"、"拍摄环境"和"电影花絮"三大作品，以读促写，提升学生的学科核心素养。

▲ **活动设计 1：我写电影脚本**

电影是以画面和音响为媒介在银幕上创造出感性直观的形象从而再现、表现生活的一门艺术。画面和音响作为传情达意的重要方式需要我们细细整理，请同学们合力撰写电影脚本。

提示：

完成电影分镜头脚本，对画面、音响、时长等进行统筹安排。

镜号	机号	镜头运动	景别	时长	画面	人声	音乐、音响

助拍资料包

(1) 镜号：镜头的序号。一般用数字1、2、3表示。

(2) 镜头运动：摄像机的运动。除固定机位还有推、拉、摇、移等方式。

(3) 镜头景别：画面的范围。包括远景、全景、中景、近景、特写等。

- 远景：一般展示环境全貌，视野宽广，人物较小，有时是空镜头，通常是用来介绍环境，抒发情感。
- 全景比远景更近一点，展示人物全貌，用来表现人物的全身动作，或者是人物之间的关系。
- 中景重点展示人物上身的动作，最能体现叙事功能，可以很好地展现人与人、人与物、人与环境之间的关系。
- 近景表现人物胸部以上或者景物局部面貌的画面，常被用来细致地表现人物的面部神态和情绪。
- 特写是对人物的眼睛、鼻子、嘴、手指、脚趾等这样的细节进行拍摄，适合用来表现需要突出的细节特写，更能调动观众情绪、展示生活中不常见的特殊视觉感受。

(4) 画面内容：什么时间、什么地点、画面中出现什么内容、镜头应该怎么运用、景别是什么样的、服装道具有哪些等，都要出现。

(5) 人声（台词、对白）：即演员的台词，台词是为了镜头表达而准备的，起到的是画龙点睛的作用。

(6) 时长：指镜头持续时间，一般精确到秒。

示例：

镜号	机号	镜头运动	景别	时长	画面	人声（台词、对白）	音乐、音响
1	3	右至左缓慢平移	远景	4′	1898年中华民族任人宰割的历史事件再现	1898年，中国，一片黑暗混沌	杂乱人声
2	1	固定	全景	1′	邓稼先形象浮现	邓稼先，一个响彻中华大地的名字	播放邓稼先原声

续表

镜号	机号	镜头运动	景别	时长	画面	人声(台词、对白)	音乐、音响
3	2	缓慢拉开	特写	2′	一艘轮船迎着灿烂的朝阳驶向遥远的东方,一位意气风发的年轻人站在甲板上,目光坚毅	祖国,我回来了	轮船的鸣笛声
4	1	固定	近景	3′	一位形容枯槁的61岁老人身着蓝白条纹病号服躺在病床上,伸出扎满针管的枯瘦的手在建议书上写下刚劲的字迹,周围一圈工作人员暗暗抹泪	邓:核武器是我们的底气,要研究的,同志们好好干,等我回来 工作人员:您注意休息,一切有我们,请您放心	小声抽泣声和签字时笔尖与纸张摩擦的"沙沙"声

▲ 活动设计2:我设拍摄环境

奋斗英雄们在各种艰难困苦的环境中以奋斗精神为盾抵御着一切不利因素,如果要拍你心中的某位奋斗英雄,你会如何布置其场地?

提示:

典型事件	奋斗精神	对应场地设置

示例:

设置奋斗英雄邓稼先的拍摄场地。

典型事件	奋斗精神	对应场地情境设置
在美获博士学位即乘船回国	祖国利益为先	博士学位证书、凌乱的发套
两次手术期间签署建议书	兢兢业业	病号服、氧气管、枯瘦的手

续表

典型事件	奋斗精神	对应场地情境设置
托人送信给杨振宁	实事求是、严谨	光洁舒展的纸张、刚劲有力的字迹
在戈壁滩埋葬同事	坚强不屈	黄沙、枯草、血包

▲ **活动设计 3：我制电影花絮**

每位同学的奋斗故事都值得被记录和传递，请将你的奋斗故事以第一人称的口吻写下来，风格可抒情可激昂，与微电影主题适配。

提示：奋斗故事首先要采用第一人称，其次故事的起因、经过、结果要明晰，最后应突出自己的奋斗经过，可展现为动作状态和心态等。

示例：

我好像一只唯一开屏的孔雀，只有我，站在了舞台的最中央。

不得不说，这次的卷子让大家叫苦不迭，而我竟如直入无人之境，充耳不闻周遭的叹息，笔尖顺畅又丝滑，酣畅淋漓的一小时已过，我第一个交卷，迎着众多诧异、艳羡、震惊的目光。

孤灯、独影，支笔。

眼前高高摞起的书本像极了高不可攀的珠穆朗玛峰，而我，一名初中生，坐在与世隔绝的小阁楼。当有人成群结队地走向电影院，当有人在学校走廊上嘻嘻哈哈，我在低沉却热血的音乐里埋头奋笔疾书，踩着时针的步履紧咬牙关，在无数个即将放弃的瞬间被梦想唤醒。终于，我拾起了瘫倒的笔，与另一个自己博弈，与无数个日落作伴。

此后，我懂了吃苦耐劳的奋斗意义。

任务三：电影成片我展示

通过完成"我作主题曲歌词"、"我集奋斗关键词"和"我填电影评价表"三个学习活动，学以致用，将从书面得来的相关奋斗知识和生活实际联系，拓展奋斗的边际，达成源于生活、作用于生活的学习效果，从而获得对学生人格培育的渐进渗透。

▲ **活动设计 1：我作主题曲歌词**

微电影在发行之前还需一首风格鲜明的主题曲，请你和小伙伴协作为奋斗主题曲作词。

提示:歌词是对奋斗典型的事迹回顾、反思学习亦或是未来畅想,歌颂的可以是一位奋斗英雄人物,也可以是多位,尤其注意的是歌词要精简凝炼,如果可以还应尽量押韵。

示例:

走在/清晨/的街上

微风/拂过脸庞

你我/可曾知道

刘翔/那一步/迈向了/何方

邓稼先/立在戈壁上

那/伴着黄沙/飞舞的衣裳

张骞/他不怕那/前路长

每个他/都有深埋的/过往

面对艰难/要/从容坦荡

秉持着奋斗/但少张扬

感受着/人生滚烫

怀抱着/星河理想

▲ **活动设计 2:我集奋斗关键词**

你的奋斗故事关键词将会作为弹幕在微电影末尾循环滚动,快来积极投稿吧!

示例:

乘风破浪、攀登、拼搏……

▲ **活动设计 3:我填电影评价表**

微电影一经播出,好评如潮。拍摄组为了改进本片以及为下次的拍摄攒经验,决定以问卷星的形式收集观众们的意见,快来填写吧!

示例:

"奋斗"主题微电影观后问卷调查

*1. 你喜欢"奋斗"主题电影吗?

○ 喜欢

○ 不喜欢

○ 还可以

*2. 请你为本片打分

1　　　　　　　　　　5

① ② ③ ④ ⑤

（三）任务群学习总结

本任务群学习，我们围绕"体验奋斗历程·讴歌奋斗精神"主题，通过品鉴故事、拍摄电影、展示成片这样层层深入的方式由浅入深地感悟奋斗。任务一为基础，学生通过群文阅读来梳理故事，初步感知奋斗精神，以读为主；任务二为拔高，在拍摄微电影的实践活动中感悟奋斗事迹背后的奋斗精神，并加以动情表达，以"电影脚本"、"拍摄环境"和"电影花絮"三个紧密的活动更进一步浓缩，以写为主；任务三为总结，以别样的回顾总结将从文本习得的知识转化为"血肉"，最终指向学生的人文素养。

（四）任务群学习迁移

奋斗精神贯穿于日常生活中，是中华民族不屈脊梁的另一番写照，但我们对它的理解总是流于表面，如何让更多的人了解奋斗故事、品评奋斗人物并将奋斗精神深深烙印于心呢？请同学们策划拍摄一则奋斗主题微电影预告片，关注文案表述、配音语气与视频转换匹配，更要注意设置悬念，激发观众想要看正片的兴趣。